Visuelles Wörterbuch

ENGLISCH – DEUTSCH

Visuelles
Wörterbuch

ENGLISCH – DEUTSCH

coventgarden

coventgarden

BEI DORLING KINDERSLEY

London, New York, Melbourne,
München und Delhi

Lektorat Angeles Gavira
Bildredaktion Ina Stradins
DTP-Design Sunil Sharma, Balwant Singh,
Harish Aggarwal, John Goldsmid, Ashwani Tyagi
DTP-Koordination Pankaj Sharma
Herstellung Liz Cherry
Bildrecherche Anna Grapes
Cheflektorat Liz Wheeler
Chefbildlektorat Phil Ormerod
Programmleitung Jonathan Metcalf

Design für Dorling Kindersley: WaltonCreative.com
Bildbetreuung Colin Walton, Tracy Musson
Gestaltung Peter Radcliffe, Earl Neish, Ann Cannings
Bildrecherche Marissa Keating

Sprachenteil für Dorling Kindersley: g-and-w Publishing
Leitung: Jane Wightwick, **Assistenz:** Ana Bremón
Übersetzung und Lektorat: Christine Arthur
Weitere Unterstützung: Dr. Arturo Pretel, Martin Prill,
Frédéric Monteil, Meinrad Prill, Mari Bremón,
Oscar Bremón, Anunchi Bremón, Leila Gaafar

Für die deutsche Ausgabe:
Programmleitung Monika Schlitzer
Projektbetreuung Kathrin Schmidt
Herstellungsleitung Dorothee Whittaker
Herstellung Anna Strommer

Bibliografische Information Der Deutschen Bibliothek
Die Deutsche Bibliothek verzeichnet diese Publikation
in der Deutschen Nationalbibliografie;
detaillierte bibliografische Daten sind im Internet über
http://dnb.ddb.de abrufbar.

© Dorling Kindersley Limited, London, 2005
Ein Unternehmen der Penguin-Gruppe

© der deutschsprachigen Ausgabe by
Dorling Kindersley Verlag GmbH, München, 2005, 2009
Alle deutschsprachigen Rechte vorbehalten

ISBN: 978-3-8310-9034-1

Colour reproduction by Colourscan, Singapore
Printed and bound at Tlaciarne BB, Slovakia

Besuchen Sie uns im Internet
www.dk.com

contents
Inhalt

CONTENTS • INHALT

english • deutsch

eating out •
auswärts essen

study • das Lernen

work • die Arbeit

transport •
der Verkehr

sport • der Sport

leisure • die Freizeit

environment •
die Umwelt

reference •
die Information

about the dictionary

The use of pictures is proven to aid understanding and the retention of information. Working on this principle, this highly-illustrated bilingual dictionary presents a large range of useful current vocabulary in two European languages.

The dictionary is divided thematically and covers most aspects of the everyday world in detail, from the restaurant to the gym, the home to the workplace, outer space to the animal kingdom. You will also find additional words and phrases for conversational use and for extending your vocabulary.

This is an essential reference tool for anyone interested in languages – practical, stimulating, and easy-to-use.

A few things to note

The two languages are always presented in the same order – English and German.

In German, nouns are given with their definite articles reflecting the gender (masculine, feminine or neuter) and number (singular or plural), for example:

seed	almonds
der Samen	die Mandeln

Verbs are indicated by a (v) after the English, for example:

harvest (v) • ernten

Each language also has its own index at the back of the book. Here you can look up a word in either of the two languages and be referred to the page number(s) where it appears. The gender is shown using the following abbreviations:

m = masculine
f = feminine
n = neuter

über das Wörterbuch

Bilder helfen erwiesenermaßen, Informationen zu verstehen und zu behalten. Dieses zweisprachige Wörterbuch enthält eine Fülle von Illustrationen und präsentiert gleichzeitig ein umfangreiches aktuelles Vokabular in zwei europäischen Sprachen.

Das Wörterbuch ist thematisch gegliedert und behandelt eingehend die meisten Bereiche des heutigen Alltags, vom Restaurant und Fitnesscenter, Heim und Arbeitsplatz bis zum Tierreich und Weltraum. Es enthält außerdem Wörter und Redewendungen, die für die Unterhaltung nützlich sind und das Vokabular erweitern.

Dies ist ein wichtiges Nachschlagewerk für jeden, der sich für Sprachen interessiert – es ist praktisch, anregend und leicht zu benutzen.

Einige Anmerkungen

Die zwei Sprachen werden immer in der gleichen Reihenfolge aufgeführt – Englisch und Deutsch.

Substantive werden mit den bestimmten Artikeln, die das Geschlecht (Maskulinum, Femininum oder Neutrum) und den Numerus (Singular oder Plural) ausdrücken, angegeben, zum Beispiel:

seed	almonds
der Samen	die Mandeln

Die Verben sind durch ein (v) nach dem englischen Wort gekennzeichnet:

harvest (v) • ernten

Am Ende des Buchs befinden sich Register für jede Sprache. Sie können dort ein Wort in einer der zwei Sprachen und die jeweilige Seitenzahl nachsehen. Die Geschlechtsangabe erfolgt mit folgenden Abkürzungen:

m = Maskulinum
f = Femininum
n = Neutrum

how to use this book

Whether you are learning a new language for business, pleasure, or in preparation for a holiday abroad, or are hoping to extend your vocabulary in an already familiar language, this dictionary is a valuable learning tool which you can use in a number of different ways.

When learning a new language, look out for cognates (words that are alike in different languages) and false friends (words that look alike but carry significantly different meanings). You can also see where the languages have influenced each other. For example, English has imported many terms for food from other European languages but, in turn, exported terms used in technology and popular culture.

Practical learning activities
• As you move about your home, workplace, or college, try looking at the pages which cover that setting. You could then close the book, look around you and see how many of the objects and features you can name.
• Challenge yourself to write a story, letter, or dialogue using as many of the terms on a particular page as possible. This will help you retain the vocabulary and remember the spelling. If you want to build up to writing a longer text, start with sentences incorporating 2–3 words.
• If you have a very visual memory, try drawing or tracing items from the book onto a piece of paper, then close the book and fill in the words below the picture.
• Once you are more confident, pick out words in a foreign-language index and see if you know what they mean before turning to the relevant page to check if you were right.

die Benutzung des Buchs

Ganz gleich, ob Sie eine Sprache aus Geschäftsgründen, zum Vergnügen oder als Vorbereitung für einen Auslandsurlaub lernen, oder Ihr Vokabular in einer Ihnen bereits vertrauten Sprache erweitern möchten, dieses Wörterbuch ist ein wertvolles Lernmittel, das Sie auf vielfältige Art und Weise benutzen können.

Wenn Sie eine neue Sprache lernen, achten Sie auf Wörter, die in verschiedenen Sprachen ähnlich sind sowie auf falsche Freunde (Wörter, die ähnlich aussehen aber wesentlich andere Bedeutungen haben). Sie können ebenfalls feststellen, wie die Sprachen einander beeinflusst haben. Englisch hat zum Beispiel viele Ausdrücke für Nahrungsmittel aus anderen europäischen Sprachen übernommen und andererseits viele Begriffe aus der Technik und Popkultur ausgeführt.

Praktische Übungen
• Versuchen Sie sich zu Hause, am Arbeits- oder Studienplatz den Inhalt der Seiten einzuprägen, die Ihre Umgebung behandeln. Schließen Sie dann das Buch und prüfen Sie, wie viele Gegenstände Sie in der anderen Sprache sagen können.
• Schreiben Sie eine Geschichte, einen Brief oder Dialog und benutzen Sie dabei möglichst viele Ausdrücke von einer bestimmten Seite des Wörterbuchs. Dies ist eine gute Methode, sich das Vokabular und die Schreibweise einzuprägen. Sie können mit kurzen Sätzen von zwei bis drei Worten anfangen und dann nach und nach längere Texte schreiben.
• Wenn Sie ein visuelles Gedächtnis haben, können Sie Gegenstände aus dem Buch abzeichnen oder abpausen. Schließen Sie dann das Buch und schreiben Sie die passenden Wörter unter die Bilder.
• Wenn Sie mehr Sicherheit haben, können Sie Wörter aus dem Fremdsprachenregister aussuchen und deren Bedeutung aufschreiben, bevor Sie auf der entsprechenden Seite nachsehen.

people
die Menschen

body • der Körper

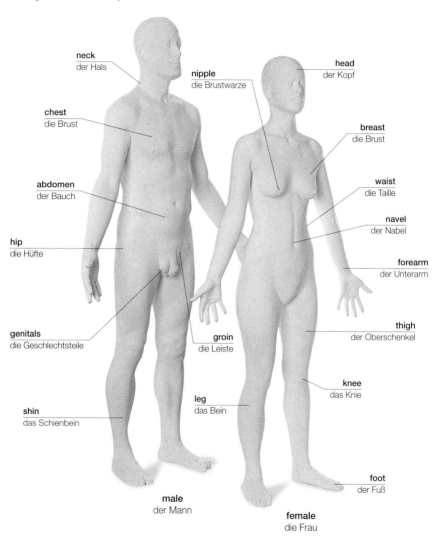

neck
der Hals

nipple
die Brustwarze

head
der Kopf

chest
die Brust

breast
die Brust

abdomen
der Bauch

waist
die Taille

navel
der Nabel

hip
die Hüfte

forearm
der Unterarm

genitals
die Geschlechtsteile

groin
die Leiste

thigh
der Oberschenkel

knee
das Knie

shin
das Schienbein

leg
das Bein

foot
der Fuß

male
der Mann

female
die Frau

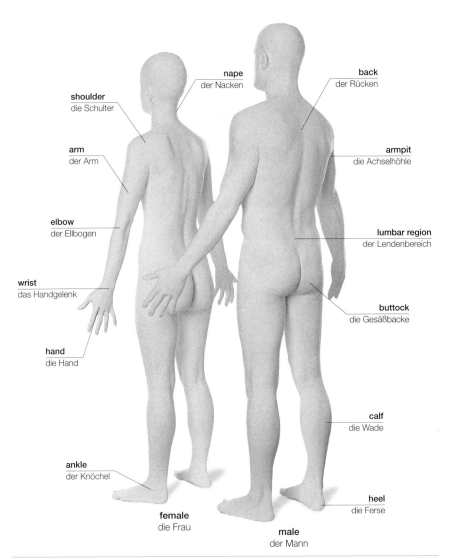

nape
der Nacken

back
der Rücken

shoulder
die Schulter

arm
der Arm

armpit
die Achselhöhle

elbow
der Ellbogen

lumbar region
der Lendenbereich

wrist
das Handgelenk

buttock
die Gesäßbacke

hand
die Hand

calf
die Wade

ankle
der Knöchel

heel
die Ferse

female
die Frau

male
der Mann

face • das Gesicht

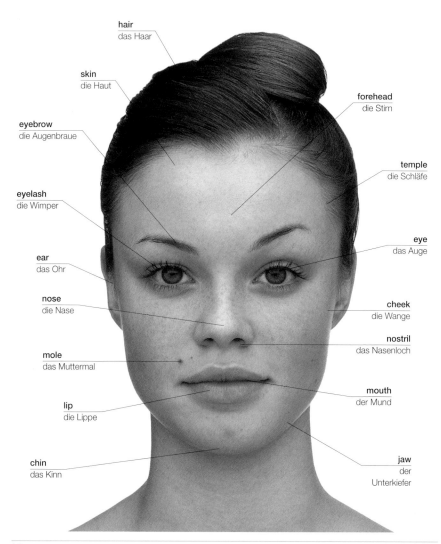

hair
das Haar

skin
die Haut

eyebrow
die Augenbraue

eyelash
die Wimper

ear
das Ohr

nose
die Nase

mole
das Muttermal

lip
die Lippe

chin
das Kinn

forehead
die Stirn

temple
die Schläfe

eye
das Auge

cheek
die Wange

nostril
das Nasenloch

mouth
der Mund

jaw
der
Unterkiefer

english • deutsch

wrinkle
die Falte

freckle
die Sommersprosse

pore
die Pore

dimple
das Grübchen

hand • die Hand

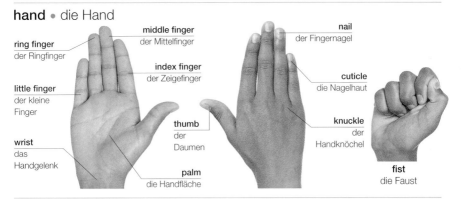

ring finger
der Ringfinger

middle finger
der Mittelfinger

index finger
der Zeigefinger

little finger
der kleine Finger

thumb
der Daumen

wrist
das Handgelenk

palm
die Handfläche

nail
der Fingernagel

cuticle
die Nagelhaut

knuckle
der Handknöchel

fist
die Faust

foot • der Fuß

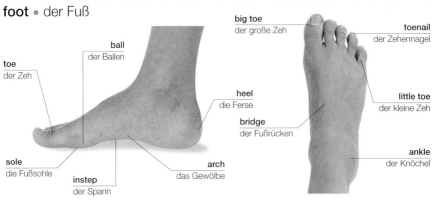

ball
der Ballen

toe
der Zeh

big toe
der große Zeh

toenail
der Zehennagel

heel
die Ferse

little toe
der kleine Zeh

bridge
der Fußrücken

sole
die Fußsohle

instep
der Spann

arch
das Gewölbe

ankle
der Knöchel

muscles • die Muskeln

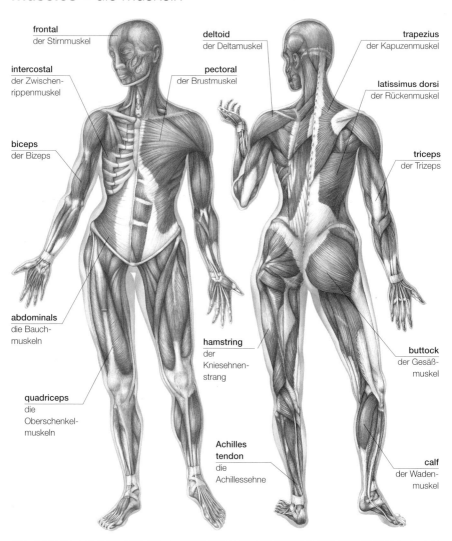

frontal
der Stirnmuskel

deltoid
der Deltamuskel

trapezius
der Kapuzenmuskel

intercostal
der Zwischen-
rippenmuskel

pectoral
der Brustmuskel

latissimus dorsi
der Rückenmuskel

biceps
der Bizeps

triceps
der Trizeps

abdominals
die Bauch-
muskeln

hamstring
der
Kniesehnen-
strang

buttock
der Gesäß-
muskel

quadriceps
die
Oberschenkel-
muskeln

Achilles
tendon
die
Achillessehne

calf
der Waden-
muskel

skeleton • das Skelett

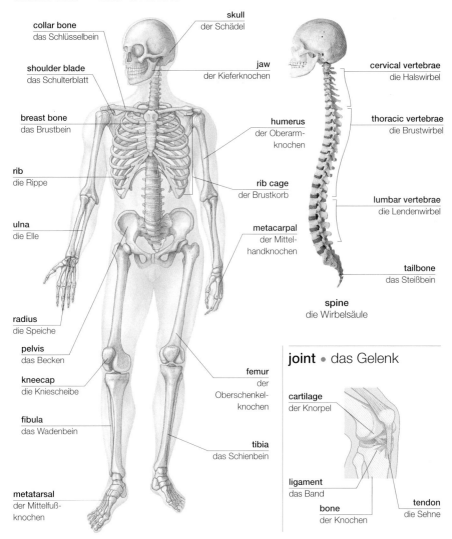

collar bone
das Schlüsselbein

shoulder blade
das Schulterblatt

breast bone
das Brustbein

rib
die Rippe

ulna
die Elle

radius
die Speiche

pelvis
das Becken

kneecap
die Kniescheibe

fibula
das Wadenbein

metatarsal
der Mittelfuß-
knochen

skull
der Schädel

jaw
der Kieferknochen

humerus
der Oberarm-
knochen

rib cage
der Brustkorb

metacarpal
der Mittel-
handknochen

femur
der
Oberschenkel-
knochen

tibia
das Schienbein

cervical vertebrae
die Halswirbel

thoracic vertebrae
die Brustwirbel

lumbar vertebrae
die Lendenwirbel

tailbone
das Steißbein

spine
die Wirbelsäule

joint • das Gelenk

cartilage
der Knorpel

ligament
das Band

bone
der Knochen

tendon
die Sehne

internal organs • die inneren Organe

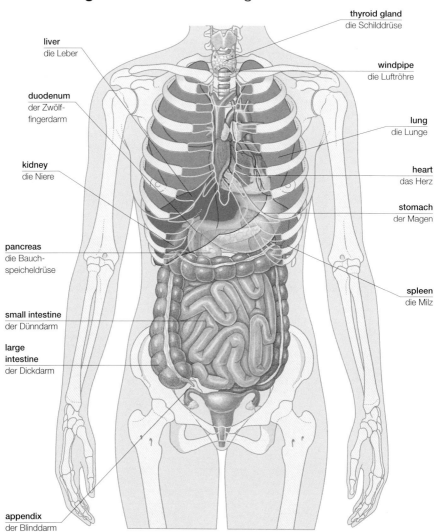

thyroid gland
die Schilddrüse

liver
die Leber

windpipe
die Luftröhre

duodenum
der Zwölf-
fingerdarm

lung
die Lunge

kidney
die Niere

heart
das Herz

stomach
der Magen

pancreas
die Bauch-
speicheldrüse

spleen
die Milz

small intestine
der Dünndarm

large
intestine
der Dickdarm

appendix
der Blinddarm

head • der Kopf

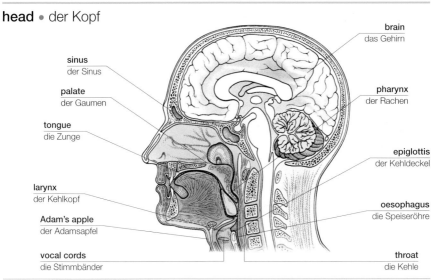

sinus
der Sinus

palate
der Gaumen

tongue
die Zunge

larynx
der Kehlkopf

Adam's apple
der Adamsapfel

vocal cords
die Stimmbänder

brain
das Gehirn

pharynx
der Rachen

epiglottis
der Kehldeckel

oesophagus
die Speiseröhre

throat
die Kehle

body systems • die Körpersysteme

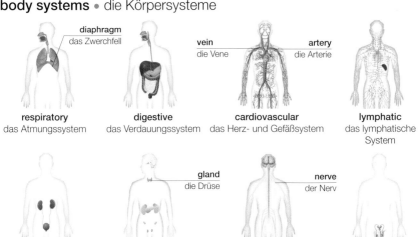

diaphragm
das Zwerchfell

vein
die Vene

artery
die Arterie

respiratory
das Atmungssystem

digestive
das Verdauungssystem

cardiovascular
das Herz- und Gefäßsystem

lymphatic
das lymphatische
System

gland
die Drüse

nerve
der Nerv

urinary
das Harnsystem

endocrine
das endokrine System

nervous
das Nervensystem

reproductive
das Fortpflanzungssystem

reproductive organs • die Fortpflanzungsorgane

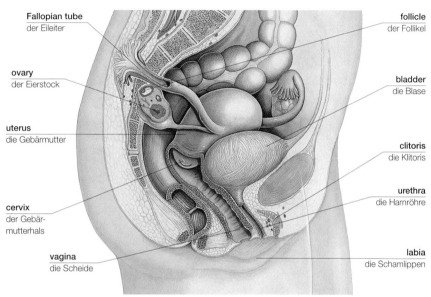

Fallopian tube
der Eileiter

follicle
der Follikel

ovary
der Eierstock

bladder
die Blase

uterus
die Gebärmutter

clitoris
die Klitoris

cervix
der Gebär-
mutterhals

urethra
die Harnröhre

vagina
die Scheide

labia
die Schamlippen

female | weiblich

reproduction • die Fortpflanzung

sperm
das Spermium

egg
das Ei

fertilization | die Befruchtung

vocabulary • Vokabular

hormone das Hormon	**impotent** impotent	**menstruation** die Menstruation
ovulation der Eisprung	**fertile** fruchtbar	**intercourse** der Geschlechtsverkehr
infertile steril	**conceive** empfangen	**sexually transmitted disease** die Geschlechtskrankheit

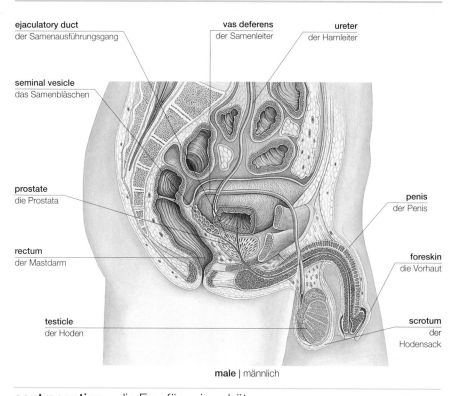

ejaculatory duct
der Samenausführungsgang

vas deferens
der Samenleiter

ureter
der Harnleiter

seminal vesicle
das Samenbläschen

prostate
die Prostata

penis
der Penis

rectum
der Mastdarm

foreskin
die Vorhaut

testicle
der Hoden

scrotum
der Hodensack

male | männlich

contraception • die Empfängnisverhütung

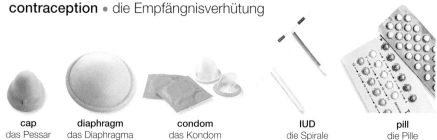

cap
das Pessar

diaphragm
das Diaphragma

condom
das Kondom

IUD
die Spirale

pill
die Pille

family · die Familie

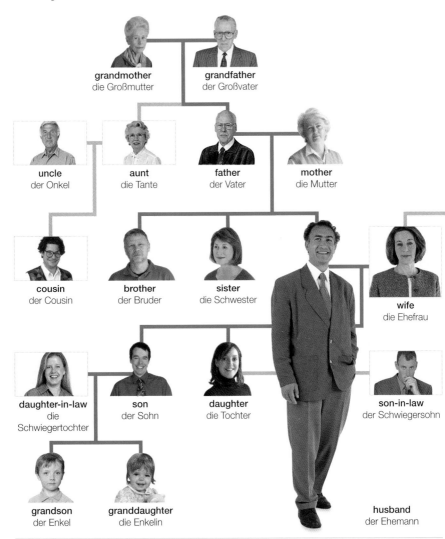

grandmother
die Großmutter

grandfather
der Großvater

uncle
der Onkel

aunt
die Tante

father
der Vater

mother
die Mutter

cousin
der Cousin

brother
der Bruder

sister
die Schwester

wife
die Ehefrau

daughter-in-law
die
Schwiegertochter

son
der Sohn

daughter
die Tochter

son-in-law
der Schwiegersohn

grandson
der Enkel

granddaughter
die Enkelin

husband
der Ehemann

vocabulary • Vokabular

relatives die Verwandten	**parents** die Eltern	**grandchildren** die Enkelkinder	**stepmother** die Stiefmutter	**stepson** der Stiefsohn	**generation** die Generation
grandparents die Großeltern	**children** die Kinder	**stepfather** der Stiefvater	**stepdaughter** die Stieftochter	**partner** der Partner/die Partnerin	**twins** die Zwillinge

mother-in-law
die Schwiegermutter

father-in-law
der Schwiegervater

brother-in-law
der Schwager

sister-in-law
die Schwägerin

niece
die Nichte

nephew
der Neffe

titles • die Anreden

Mrs
Frau

Mr
Herr

Miss
Fräulein

stages • die Stadien

baby
das Baby

child
das Kind

boy
der Junge

girl
das Mädchen

teenager
die Jugendliche

adult
der Erwachsene

man
der Mann

woman
die Frau

relationships • die Beziehungen

manager
der Chef

assistant
die Assistentin

business partner
die Geschäftspartnerin

employer
die Arbeitgeberin

employee
der Arbeitnehmer

colleague
der Kollege

office | das Büro

neighbour
der Nachbar

friend
der Freund

acquaintance
der Bekannte

penfriend
der Brieffreund

boyfriend
der Freund

girlfriend
die Freundin

couple | das Paar

fiancé
der Verlobte

fiancée
die Verlobte

engaged couple | die Verlobten

emotions • die Gefühle

smile
das Lächeln

happy
glücklich

sad
traurig

excited
aufgeregt

bored
gelangweilt

surprised
überrascht

scared
erschrocken

frown
das Stirnrunzeln

angry
verärgert

confused
verwirrt

worried
besorgt

nervous
nervös

proud
stolz

confident
selbstsicher

embarrassed
verlegen

shy
schüchtern

vocabulary • Vokabular

upset bestürzt	**laugh (v)** lachen	**sigh (v)** seufzen	**shout (v)** schreien
shocked schockiert	**cry (v)** weinen	**yawn (v)** gähnen	**faint (v)** in Ohnmacht fallen

life events • die Ereignisse des Lebens

be born (v)
geboren werden

start school (v)
zur Schule kommen

make friends (v)
sich anfreunden

graduate (v)
graduieren

get a job (v)
eine Stelle bekommen

fall in love (v)
sich verlieben

get married (v)
heiraten

have a baby (v)
ein Baby bekommen

wedding | die Hochzeit

divorce
die Scheidung

funeral
das Begräbnis

vocabulary • Vokabular

christening die Taufe	**die (v)** sterben
confirmation die Konfirmation	**make a will (v)** sein Testament machen
anniversary der Hochzeitstag	**birth certificate** die Geburtsurkunde
emigrate (v) emigrieren	**wedding reception** die Hochzeitsfeier
retire (v) in den Ruhestand treten	**honeymoon** die Hochzeitsreise

celebrations • die Feste

birthday party
die Geburtstagsfeier

card
die Karte

birthday
der Geburtstag

present
das Geschenk

Christmas
das Weihnachten

festivals • die Feste

Passover
das Passah

New Year
das Neujahr

carnival
der Karneval

procession
der Umzug

Ramadan
der Ramadan

ribbon
das Band

Thanksgiving
das Thanksgiving

Easter
das Ostern

Halloween
das Halloween

Diwali
das Diwali

appearance
die äußere Erscheinung

children's clothing • die Kinderkleidung

baby • das Baby

snowsuit
der Schneeanzug

vest
das Hemdchen

popper
der
Druckknopf

babygro
der Strampelanzug

sleepsuit
der Schlafanzug

romper suit
der Spielanzug

bib
das Lätzchen

mittens
die Babyhandschuhe

booties
die Babyschuhe

terry nappy
die Stoffwindel

disposable nappy
die Wegwerfwindel

plastic pants
das
Gummihöschen

toddler • das Kleinkind

sunhat
der Sonnenhut

apron
die Schürze

dungarees
die Latzhose

shorts
die Shorts

t-shirt
das T-Shirt

skirt
der Rock

child • das Kind

dress
das Kleid

hood
die Kapuze

jeans
die Jeans

sandals
die Sandalen

summer
der Sommer

raincoat
der Regenmantel

backpack
der Rucksack

toggle
der Kne-
belknopf

autumn
der Herbst

scarf
der Schal

anorak
der Anorak

**wellington
boots**
die
Gummistiefel

duffel coat
der Dufflecoat

winter
der Winter

dressing gown
der Morgenrock

logo
das Logo

trainers
die Sportschuhe

nightie
das Nachthemd

slippers
die Hausschuhe

nightwear
die Nachtwäsche

football strip
der Fußballdress

tracksuit
der Trainingsanzug

leggings
die Leggings

vocabulary • Vokabular

natural fibre
die Naturfaser

synthetic
synthetisch

Is it machine washable?
Ist es waschmaschinenfest?

Will this fit a two-year-old?
Passt das einem Zweijährigen?

men's clothing • die Herrenkleidung

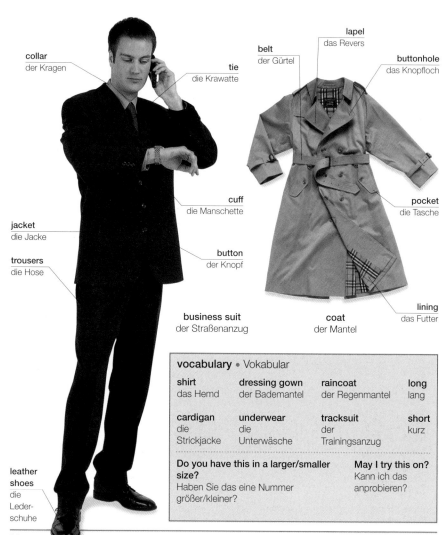

collar
der Kragen

tie
die Krawatte

lapel
das Revers

belt
der Gürtel

buttonhole
das Knopfloch

cuff
die Manschette

jacket
die Jacke

trousers
die Hose

button
der Knopf

pocket
die Tasche

lining
das Futter

business suit
der Straßenanzug

coat
der Mantel

leather
shoes
die
Leder-
schuhe

vocabulary • Vokabular

shirt das Hemd	**dressing gown** der Bademantel	**raincoat** der Regenmantel	**long** lang
cardigan die Strickjacke	**underwear** die Unterwäsche	**tracksuit** der Trainingsanzug	**short** kurz

Do you have this in a larger/smaller size?
Haben Sie das eine Nummer größer/kleiner?

May I try this on?
Kann ich das anprobieren?

english • deutsch

blazer
der Blazer

sports jacket
das Sportjackett

waistcoat
die Weste

v-neck
der V-Ausschnitt

round neck
der runde
Ausschnitt

t-shirt
das T-Shirt

anorak
der Anorak

sweatshirt
das Sweatshirt

windcheater
die Windjacke

sweatpants
die Trainings-
hose

sweater
der Pullover

pyjamas
der Schlafanzug

vest
das Unterhemd

casual wear
die Freizeitkleidung

shorts
die Shorts

briefs
der Slip

boxer shorts
die Boxershorts

socks
die Socken

women's clothing • die Damenkleidung

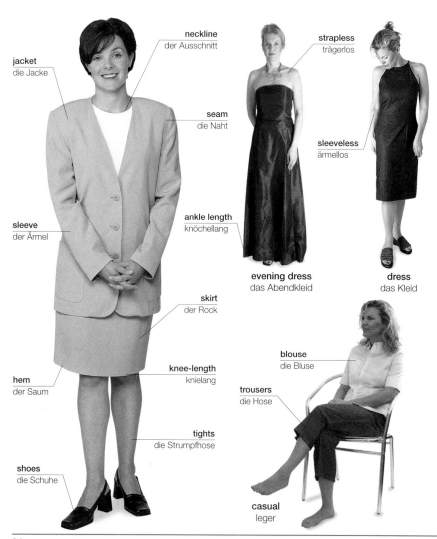

neckline
der Ausschnitt

jacket
die Jacke

seam
die Naht

sleeve
der Ärmel

ankle length
knöchellang

skirt
der Rock

hem
der Saum

knee-length
knielang

tights
die Strumpfhose

shoes
die Schuhe

evening dress
das Abendkleid

strapless
trägerlos

sleeveless
ärmellos

dress
das Kleid

blouse
die Bluse

trousers
die Hose

casual
leger

lingerie • die Unterwäsche

wedding • die Hochzeit

strap
der Träger

negligée
das Negligé

slip
der Unterrock

camisole
das Mieder

suspenders
der
Strumpfhalter

basque
das Bustier

stockings
die Strümpfe

tights
die Strumpfhose

vest
das Unterhemd

bra
der Büstenhalter

knickers
der Slip

nightdress
das Nachthemd

veil
der Schleier

lace
die Spitze

bouquet
das Bukett

train
die Schleppe

wedding dress
das Hochzeitskleid

vocabulary • Vokabular

corset das Korsett	**tailored** gut geschnitten
garter das Strumpfband	**halter neck** rückenfrei
waistband der Rockbund	**sports bra** der Sport-BH
shoulder pad das Schulterpolster	**underwired** mit Formbügeln

accessories • die Accessoires

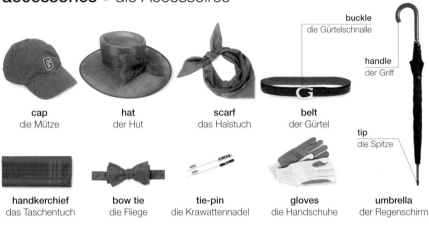

buckle
die Gürtelschnalle

handle
der Griff

cap
die Mütze

hat
der Hut

scarf
das Halstuch

belt
der Gürtel

tip
die Spitze

handkerchief
das Taschentuch

bow tie
die Fliege

tie-pin
die Krawattennadel

gloves
die Handschuhe

umbrella
der Regenschirm

jewellery • der Schmuck

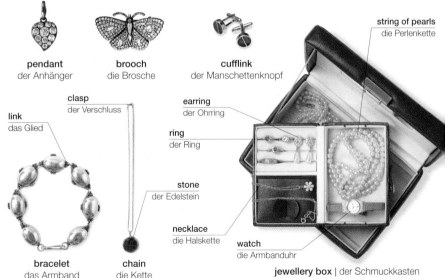

pendant
der Anhänger

brooch
die Brosche

cufflink
der Manschettenknopf

string of pearls
die Perlenkette

clasp
der Verschluss

link
das Glied

earring
der Ohrring

ring
der Ring

stone
der Edelstein

necklace
die Halskette

watch
die Armbanduhr

bracelet
das Armband

chain
die Kette

jewellery box | der Schmuckkasten

bags • die Taschen

wallet
die Brieftasche

purse
das Portmonee

shoulder bag
die Umhängetasche

fastening
der Verschluss

shoulder strap
der Schulterriemen

handles
die Griffe

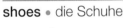
holdall
die Reisetasche

briefcase
die Aktentasche

handbag
die Handtasche

backpack
der Rucksack

shoes • die Schuhe

lace
der Schnürsenkel

tongue
die Zunge

eyelet
die Öse

sole
die Sohle

heel
der Absatz

lace-up
der Schnürschuh

walking boot
der Wanderschuh

trainer
der Sportschuh

leather shoe
der Lederschuh

flip-flop
die Strandsandale

high heel shoe
der Schuh mit
hohem Absatz

platform shoe
der Plateauschuh

sandal
die Sandale

slip-on
der Slipper

brogue
der Herrenhalbschuh

hair • das Haar

comb
der Kamm

comb (v)
kämmen

brush
die
Haarbürste

brush (v) | bürsten

hairdresser
die Friseurin

sink
das Waschbecken

client
die Kundin

wash (v) | waschen

rinse (v)
ausspülen

robe
der Frisierumhang

cut (v)
schneiden

blow dry (v)
föhnen

set (v)
legen

accessories • die Frisierartikel

hairdryer
der Föhn

curling tongs
der Lockenstab

shampoo
das Shampoo

curler
die Schere

conditioner
die Haarspülung

hairband
der Haarreif

gel
das Haargel

curler
der Lockenwickler

hairspray
das Haarspray

hairpin
die Haarklammer

styles • die Frisuren

ribbon
das Band

ponytail	**plait**	**french pleat**	**bun**	**pigtails**
der Pferdeschwanz	der Zopf	die Hochfrisur	der Haarknoten	die Rattenschwänze

bob	**crop**	**curly**	**perm**	**straight**
der Pagenkopf	der Kurzhaarschnitt	lockig	die Dauerwelle	glatt

roots
die Wurzeln

highlights	**bald**	**wig**
die Strähnchen	kahl	die Perücke

colours • die Haarfarben

blonde	**brunette**	**auburn**	**ginger**
blond	brünett	rotbraun	rot

black	**grey**	**white**	**dyed**
schwarz	grau	weiß	gefärbt

vocabulary • Vokabular

hairtie das Haarband	**greasy** fettig
trim (v) nachschneiden	**dry** trocken
barber der Herrenfriseur	**normal** normal
dandruff die Schuppen	**scalp** die Kopfhaut
split ends der Haarspliss	**straighten (v)** glätten

beauty • die Schönheit

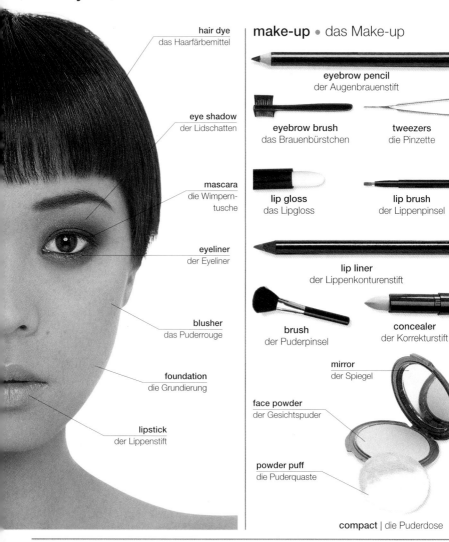

hair dye
das Haarfärbemittel

eye shadow
der Lidschatten

mascara
die Wimpern-
tusche

eyeliner
der Eyeliner

blusher
das Puderrouge

foundation
die Grundierung

lipstick
der Lippenstift

make-up • das Make-up

eyebrow pencil
der Augenbrauenstift

eyebrow brush
das Brauenbürstchen

tweezers
die Pinzette

lip gloss
das Lipgloss

lip brush
der Lippenpinsel

lip liner
der Lippenkonturenstift

brush
der Puderpinsel

concealer
der Korrekturstift

mirror
der Spiegel

face powder
der Gesichtspuder

powder puff
die Puderquaste

compact | die Puderdose

beauty treatments • die Schönheitsbehandlungen

face pack
die Gesichtsmaske

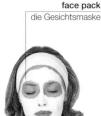

sunbed
die Sonnenbank

facial
die Gesichtsbehandlung

Peeling
das Peeling

wax
die Enthaarung

pedicure
die Pediküre

manicure • die Maniküre

nail varnish remover
der Nagellackentferner

nail file
die Nagelfeile

nail varnish
der Nagellack

nail scissors
die Nagelschere

nail clippers
der Nagelknipser

toiletries • die Toilettenartikel

cleanser
der Reiniger

toner
das Gesichts-
wasser

moisturizer
die Feuchtig-
keitscreme

**self-tanning
cream**
die Selbst-
bräunungscreme

perfume
das Parfum

eau de toilette
das Eau de
Toilette

vocabulary • Vokabular

fair hell	**complexion** der Teint	**tan** die Sonnenbräune
dark dunkel	**sensitive** empfindlich	**tattoo** die Tätowierung
dry trocken	**anti-wrinkle** Antifalten-	**cotton balls** die Wattebällchen
oily fettig	**shade** der Farbton	**hypoallergenic** hypoallergen

health
die Gesundheit

illness • die Krankheit

headache
die Kopfschmerzen

nosebleed
das Nasenbluten

cough
der Husten

fever | das Fieber

sneeze
das Niesen

cold
die Erkältung

flu
die Grippe

inhaler
der Inhalations-
apparat

asthma
das Asthma

cramps
die Krämpfe

nausea
die Übelkeit

chickenpox
die Windpocken

rash
der Hautausschlag

---

vocabulary • Vokabular

heart attack der Herzinfarkt	**allergy** die Allergie	**eczema** das Ekzem	**vomit (v)** sich übergeben	**chill** die Verkühlung	**diarrhoea** der Durchfall
stroke der Schlaganfall	**migraine** die Migräne	**virus** der Virus	**faint (v)** in Ohnmacht fallen	**epilepsy** die Epilepsie	**measles** die Masern
blood pressure der Blutdruck	**diabetes** die Zucker- krankheit	**infection** die Infektion	**stomach ache** die Magenschmerzen	**hayfever** der Heuschnupfen	**mumps** der Mumps

doctor • der Arzt
consultation • die Konsultation

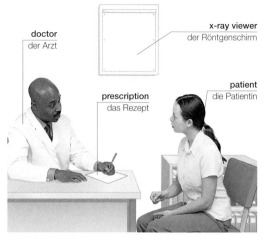

doctor
der Arzt

x-ray viewer
der Röntgenschirm

prescription
das Rezept

patient
die Patientin

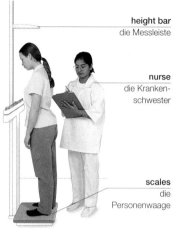

height bar
die Messleiste

nurse
die Kranken-
schwester

scales
die
Personenwaage

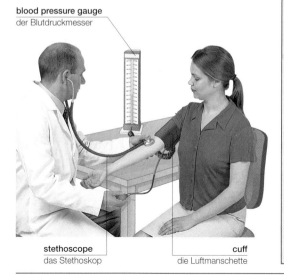

blood pressure gauge
der Blutdruckmesser

stethoscope
das Stethoskop

cuff
die Luftmanschette

vocabulary • Vokabular

appointment der Termin	**vaccination** die Impfung
waiting room das Warte-zimmer	**thermometer** das Thermometer
surgery das Sprechzimmer	**medical examination** die Untersuchung

I need to see a doctor.
Ich muss einen Arzt sprechen.

It hurts here.
Es tut hier weh.

injury • die Verletzung

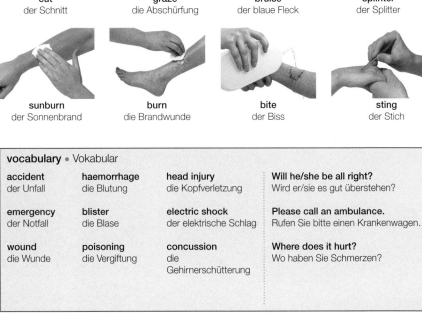

sling
die Schlinge

neck brace
die Halskrawatte

fracture
die Fraktur

whiplash
das Schleudertrauma

sprain | die Verstauchung

cut
der Schnitt

graze
die Abschürfung

bruise
der blaue Fleck

splinter
der Splitter

sunburn
der Sonnenbrand

burn
die Brandwunde

bite
der Biss

sting
der Stich

---

vocabulary • Vokabular

accident der Unfall	**haemorrhage** die Blutung	**head injury** die Kopfverletzung	**Will he/she be all right?** Wird er/sie es gut überstehen?
emergency der Notfall	**blister** die Blase	**electric shock** der elektrische Schlag	**Please call an ambulance.** Rufen Sie bitte einen Krankenwagen.
wound die Wunde	**poisoning** die Vergiftung	**concussion** die Gehirnerschütterung	**Where does it hurt?** Wo haben Sie Schmerzen?

---

first aid • die Erste Hilfe

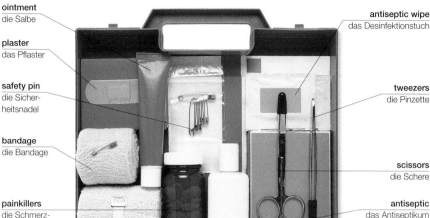

ointment
die Salbe

plaster
das Pflaster

safety pin
die Sicher-
heitsnadel

bandage
die Bandage

painkillers
die Schmerz-
tabletten

antiseptic wipe
das Desinfektionstuch

tweezers
die Pinzette

scissors
die Schere

antiseptic
das Antiseptikum

first aid box | der Erste-Hilfe-Kasten

gauze
die Gaze

dressing
der Verband

splint | die Schiene

adhesive tape
das Leukoplast

resuscitation
die Wiederbelebung

vocabulary • Vokabular

shock der Schock	**pulse** der Puls	**choke (v)** ersticken	**Can you help?** Können Sie mir helfen?
unconscious bewusstlos	**breathing** die Atmung	**sterile** steril	**Do you know first aid?** Beherrschen Sie die Erste Hilfe?

hospital • das Krankenhaus

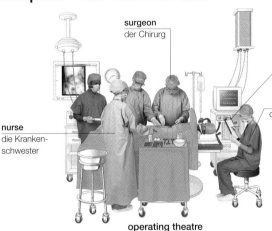

surgeon
der Chirurg

nurse
die Kranken-
schwester

operating theatre
der Operationssaal

chart
die Patien-
tenkurve

anaesthetist
der Anästhesist

blood test
die Blutuntersuchung

injection
die Spritze

trolley
die fahrbare
Liege

emergency room
die Notaufnahme

call button
der Rufknopf

ward
das Patientenzimmer

wheelchair
der Rollstuhl

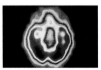

x-ray
die Röntgenaufnahme

scan
das CT-Bild

---

vocabulary • Vokabular

operation die Operation	**discharged** entlassen	**visiting hours** die Besuchszeiten	**maternity ward** die Entbindungsstation	**intensive care unit** die Intensivstation
admitted aufgenommen	**clinic** die Klinik	**children's ward** die Kinderstation	**private room** das Privatzimmer	**outpatient** der ambulante Patient

---

departments • die Abteilungen

ENT
die HNO-Abteilung

cardiology
die Kardiologie

orthopaedy
die Orthopädie

gynaecology
die Gynäkologie

physiotherapy
die Physiotherapie

dermatology
die Dermatologie

paediatrics
die Kinderheilkunde

radiology
die Radiologie

surgery
die Chirurgie

maternity
die Entbindungsstation

psychiatry
die Psychiatrie

ophthalmology
die Augenheilkunde

---

vocabulary • Vokabular

neurology die Neurologie	**urology** die Urologie	**plastic surgery** die plastische Chirurgie	**pathology** die Pathologie	**result** das Ergebnis
oncology die Onkologie	**endocrinology** die Endokrinologie	**referral** die Überweisung	**test** die Untersuchung	**consultant** der Facharzt

---

dentist • der Zahnarzt

tooth • der Zahn

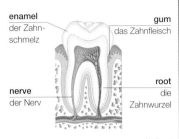

enamel
der Zahn-
schmelz

gum
das Zahnfleisch

nerve
der Nerv

root
die
Zahnwurzel

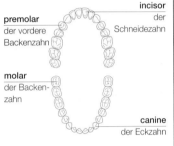

incisor
der
Schneidezahn

premolar
der vordere
Backenzahn

molar
der Backen-
zahn

canine
der Eckzahn

vocabulary • Vokabular

toothache	**drill**
die Zahnschmerzen	der Bohrer
plaque	**dental floss**
der Zahnbelag	die Zahnseide
decay	**extraction**
die Karies	die Extraktion
filling	**crown**
die Zahnfüllung	die Krone

check-up • der Check-up

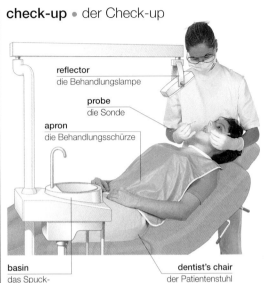

reflector
die Behandlungslampe

probe
die Sonde

apron
die Behandlungsschürze

basin
das Spuck-
becken

dentist's chair
der Patientenstuhl

floss (v)
mit Zahnseide
reinigen

brush (v)
bürsten

brace
die Zahnspange

dental x-ray
die Röntgen-
aufnahme

x-ray film
das Röntgenbild

dentures
die Zahnprothese

optician • der Augenoptiker

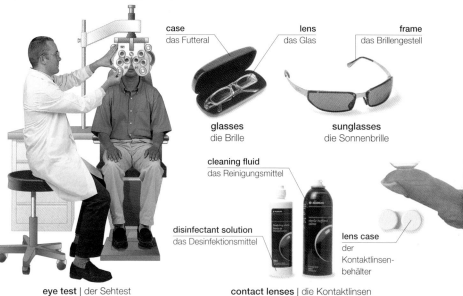

case
das Futteral

lens
das Glas

frame
das Brillengestell

glasses
die Brille

sunglasses
die Sonnenbrille

cleaning fluid
das Reinigungsmittel

disinfectant solution
das Desinfektionsmittel

lens case
der Kontaktlinsen-behälter

eye test | der Sehtest

contact lenses | die Kontaktlinsen

eye • das Auge

eyebrow
die Augenbraue

eyelid
das Lid

eyelash
die Wimper

pupil
die Pupille

iris
die Iris

lens
die Linse

retina
die Netzhaut

optic nerve
der Sehnerv

cornea
die Hornhaut

vocabulary • Vokabular	
vision die Sehkraft	**astigmatism** der Astigmatismus
diopter die Dioptrie	**long sight** die Weitsichtigkeit
tear die Träne	**short sight** die Kurzsichtigkeit
cataract der graue Star	**bifocal** Bifokal-

pregnancy • die Schwangerschaft

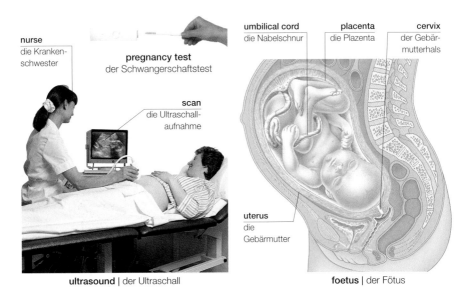

nurse
die Kranken-
schwester

pregnancy test
der Schwangerschaftstest

scan
die Ultraschall-
aufnahme

umbilical cord
die Nabelschnur

placenta
die Plazenta

cervix
der Gebär-
mutterhals

uterus
die
Gebärmutter

ultrasound | der Ultraschall

foetus | der Fötus

vocabulary • Vokabular					
ovulation der Eisprung	antenatal vorgeburtlich	amniotic fluid das Fruchtwasser	dilation die Erweiterung	stitches die Naht	breech Steiß-
conception die Empfängnis	trimester das Trimester	amniocentesis die Amniozentese	caesarean section der Kaiserschnitt	expectant schwanger	premature vorzeitig
pregnant schwanger	embryo der Embryo	contraction die Wehe	episiotomy der Dammschnitt	birth die Geburt	gynaecologist der Gynäkologe
delivery die Entbindung	womb die Gebärmutter	break waters (v) das Fruchtwasser geht ab	epidural die Peridural-anästhesie	miscarriage die Fehlgeburt	obstetrician der Geburtshelfer

childbirth • die Geburt

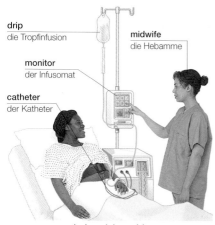

drip
die Tropfinfusion

midwife
die Hebamme

monitor
der Infusomat

catheter
der Katheter

induce labour (v)
die Geburt einleiten

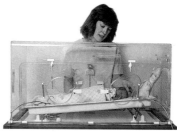

incubator | der Brutkasten

scales
die Waage

birth weight | das Geburtsgewicht

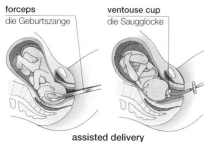

forceps
die Geburtszange

ventouse cup
die Saugglocke

assisted delivery
die assistierte Entbindung

identity tag
das Namensbändchen

newborn baby
das Neugeborene

nursing • das Stillen

breast pump
die Milchpumpe

nursing bra
der Stillbüstenhalter

breastfeed (v)
stillen

pads
die Einlagen

alternative therapy • die Alternativtherapien

teacher
der Lehrer

massage
die Massage

shiatsu
das Shiatsu

yoga | das Yoga

mat
die Matte

meditation
die Meditation

chiropractic
die Chiropraktik

osteopathy
die Osteopathie

reflexology
die Reflexzonenmassage

counsellor
der Berater

reiki
das Reiki

acupuncture
die Akupunktur

group therapy
die Gruppentherapie

ayurveda
das Ayurveda

hypnotherapy
die Hypnotherapie

essential oils
die ätherischen Öle

herbalism
die Kräuterheilkunde

aromatherapy
die Aromatherapie

homeopathy
die Homöopathie

acupressure
die Akupressur

therapist
die Therapeutin

psychotherapy
die Psychotherapie

vocabulary • Vokabular

crystal healing	**feng shui**	**stress**	**herb**
die Kristalltherapie	das Feng Shui	der Stress	das Heilkraut
hydrotherapy	**naturopathy**	**relaxation**	**supplement**
die Wasser-behandlung	die Naturheilkunde	die Entspannung	die Ergänzung

home
das Haus

house • das Haus

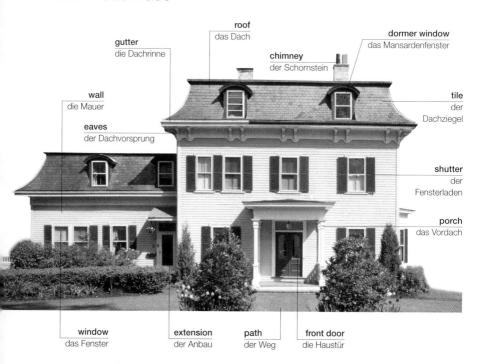

roof
das Dach

gutter
die Dachrinne

dormer window
das Mansardenfenster

chimney
der Schornstein

wall
die Mauer

tile
der Dachziegel

eaves
der Dachvorsprung

shutter
der Fensterladen

porch
das Vordach

window
das Fenster

extension
der Anbau

path
der Weg

front door
die Haustür

---

vocabulary • Vokabular

detached Einzel(haus)	**bungalow** der Bungalow	**garage** die Garage	**floor** das Stockwerk	**burglar alarm** die Alarmanlage	**rent (v)** mieten
semidetached Doppel(haus)	**basement** das Kellergeschoss	**attic** der Dachboden	**courtyard** der Hof	**letterbox** der Briefkasten	**rent** die Miete
terraced Reihen(haus)	**townhouse** das dreistöckige Haus	**room** das Zimmer	**porch light** die Haustürlampe	**landlord** der Vermieter	**tenant** der Mieter

entrance • der Eingang

hand rail
das Geländer

landing
der Treppen-
absatz

banister
das Treppen-
geländer

staircase
die Treppe

hallway
die Diele

doorbell
die Türklingel

doormat
der Fußabtreter

door knocker
der Türklopfer

door chain
die Türkette

key
der Schlüssel

lock
das Schloss

bolt
der Türriegel

flat • die Wohnung

balcony
der Balkon

block of flats
der Wohnblock

intercom
die Sprechanlage

lift
der Fahrstuhl

internal systems • die Hausanschlüsse

radiator
der Heizkörper

heater
der Heizofen

blade
der Flügel

fan
der Ventilator

convector heater
der Heizlüfter

electricity • die Elektrizität

filament
der Glühfaden

bayonet fitting
die Bajonettfassung

light bulb
die Glüh-
lampe

earthing
die Erdung

pin
der Pol

plug
der Stecker

neutral
neutral

live
geladen

wires
die Leitung

vocabulary • Vokabular

voltage die Spannung	**fuse** die Sicherung	**socket** die Steckdose	**direct current** der Gleichstrom	**transformer** der Transformator
amp das Ampère	**fuse box** der Sicherungskasten	**switch** der Schalter	**electricity meter** der Stromzähler	**mains supply** das Stromnetz
power der Strom	**generator** der Generator	**alternating current** der Wechselstrom	**power cut** der Stromausfall	

plumbing • die Installation

inlet
die Zuleitung

outlet
der Auslass

pressure valve
das Sicher-heits-ventil

insulation
die Isolierung

overflow pipe
der Überlauf

tank
der Kessel

water chamber
der Wasser-raum

drain cock
der Ablass-hahn

thermostat
der Thermostat

gas burner
der Gasbrenner

heating element
das Heizelement

boiler
der Boiler

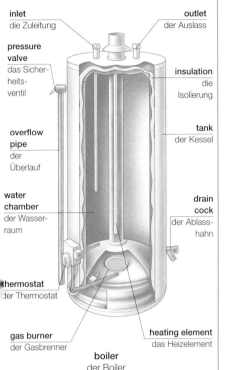

sink • die Spüle

tap
der Hahn

lever
der Hebel

gasket
die Dichtung

supply pipe
die Zuleitung

shutoff valve
der Absperrhahn

drain
der Abfluss

waste disposal unit
der Müllschlucker

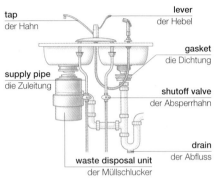

water closet • das WC

cistern
der Spül-kasten

float ball
der Schwimmer

seat
der Toilettensitz

waste pipe
das Abflussrohr

bowl
das Becken

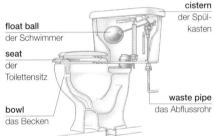

waste disposal • die Abfallentsorgung

bottle
die Flasche

pedal
der Trethebel

lid
der Deckel

recycling bin
der Recycling-behälter

rubbish bin
der Abfalleimer

sorting unit
die Abfallsortiereinheit

organic waste
der Bio-Abfall

living room • das Wohnzimmer

painting das Gemälde	
frame der Bilderrahmen	
lamp die Lampe	
wall light die Wandlampe	
clock die Uhr	

ceiling
die Decke

cabinet
die Vitrine

sofa
das Sofa

cushion
das
Sofakissen

coffee table
der
Couchtisch

floor
der Fußboden

mirror
der Spiegel

vase
die Vase

mantelpiece
der Kaminsims

fireplace
der Kamin

screen
das Kamingitter

candle
die Kerze

bookshelf
das Bücherregal

sofabed
die Bettcouch

rug
der Teppich

curtain
der Vorhang

net curtain
die Gardine

venetian blind
die Jalousie

roller blind
das Rollo

moulding
der Stuckrahmen

armchair
der Sessel

study | das Arbeitszimmer

dining room • das Esszimmer

pepper
der Pfeffer

salt
das Salz

table
der Tisch

crockery
das
Geschirr

cutlery
das Besteck

chair
der Stuhl

back
die Lehne

seat
die Sitzfläche

leg
das Bein

vocabulary • Vokabular

serve (v) servieren	**place mat** das Set	**meal** die Mahlzeit	**full** satt	**guest** der Gast	**Can I have some more, please?** Könnte ich bitte noch ein bisschen haben?
eat (v) essen	**breakfast** das Frühstück	**hungry** hungrig	**portion** die Portion	**hostess** die Gastgeberin	**I've had enough, thank you.** Ich bin satt, danke.
lay the table (v) den Tisch decken	**tablecloth** die Tischdecke	**dinner** das Abendessen	**lunch** das Mittagessen	**host** der Gastgeber	**That was delicious.** Das war lecker.

crockery and cutlery • das Geschirr und das Besteck

mug
der Becher

coffee cup
die Kaffeetasse

teaspoon
der Teelöffel

teacup
die Teetasse

plate
der Teller

bowl
die Schüssel

cafetière
die Cafetière

teapot
die Teekanne

jug
der Krug

egg cup
der Eierbecher

wine glass
das Weinglas

tumbler
das Wasserglas

glassware
die Glaswaren

napkin ring
der Serviettenring

side plate
der Beilagenteller

dinner plate
der Essteller

soup bowl
der Suppenteller

soup spoon
der Suppenlöffel

napkin
die Serviette

fork
die Gabel

place setting
das Gedeck

spoon
der Löffel

knife
das Messer

kitchen • die Küche

extractor
der Dunstabzug

shelves
das Küchenregal

ceramic hob
das Glaskeramik-
kochfeld

splashback
der Spritzschutz

tap
der Wasserhahn

worktop
die
Arbeitsfläche

sink
das Spülbecken

oven
der Backofen

drawer
die Schublade

cabinet
der Küchen-
schrank

appliances • die Küchengeräte

mixing bowl
die Mixerschüssel

lid
der Deckel

microwave oven
die Mikrowelle

blade
das Messer

kettle
der Wasser-
kocher

toaster
der Toaster

food processor
die
Küchenmaschine

blender
der Mixer

dishwasher
die Spülmaschine

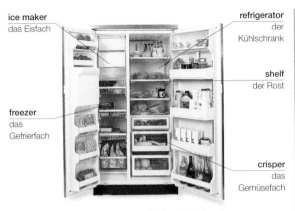

ice maker
das Eisfach

refrigerator
der
Kühlschrank

shelf
der Rost

freezer
das
Gefrierfach

crisper
das
Gemüsefach

fridge-freezer | der Gefrier-Kühlschrank

vocabulary • Vokabular

hob das Kochfeld	**freeze (v)** einfrieren
draining board das Abtropfbrett	**defrost (v)** auftauen
burner der Brenner	**steam (v)** dämpfen
rubbish bin der Mülleimer	**sauté (v)** anbraten

cooking • das Kochen

peel (v)
schälen

slice (v)
schneiden

grate (v)
reiben

pour (v)
gießen

mix (v)
verrühren

whisk (v)
schlagen

boil (v)
kochen

fry (v)
braten

roll (v)
ausrollen

stir (v)
rühren

simmer (v)
köcheln lassen

poach (v)
pochieren

bake (v)
backen

roast (v)
braten

grill (v)
grillen

kitchenware • die Küchengeräte

chopping board
das Hackbrett

bread knife
das Brotmesser

kitchen knife
das
Küchenmesser

cleaver
das Hackmesser

knife sharpener
der Messer-
schärfer

meat tenderizer
der Fleischklopfer

skewer
der Spieß

peeler
der Schäler

apple corer
der Apfelstecher

grater
die Reibe

pestle
der Stößel

mortar
der Mörser

masher
der Kartoffel-
stampfer

can opener
der Dosenöffner

bottle opener
der
Flaschenöffner

garlic press
die
Knoblauchpresse

serving spoon
der Servierlöffel

fish slice
der Pfannenwender

colander
das Sieb

spatula
der Teigschaber

wooden spoon
der Holzlöffel

slotted spoon
der Schaumlöffel

ladle
der Schöpflöffel

carving fork
die Tranchiergabel

scoop
der Portionierer

whisk
der Schneebesen

sieve
das Sieb

lid
der Deckel

non-stick
antihaftbeschichtet

frying pan
die Bratpfanne

saucepan
der Kochtopf

grill pan
die Grillpfanne

wok
der Wok

earthenware dish
der Schmortopf

glass
Glas-

ovenproof
feuerfest

mixing bowl
die Rührschüssel

soufflé dish
die Souffléform

gratin dish
die Auflaufform

ramekin
das
Auflaufförmchen

casserole dish
die Kasserolle

baking cakes • das Kuchenbacken

scales
die
Haushaltswaage

measuring jug
der Messbecher

cake tin
die Kuchenform

pie tin
die Pastetenform

flan tin
die Obstkuchen-
form

pastry brush
der Backpinsel

rolling pin
das Nudelholz

piping bag
der Spritzbeutel

muffin tray
die Törtchenform

baking tray
das Kuchenblech

cooling rack
das Abkühlgitter

oven glove
der
Topfhandschuh

apron
die Schürze

bedroom • das Schlafzimmer

wardrobe
der Kleiderschrank

bedside lamp
die Nachttischlampe

headboard
das Kopfende

bedside table
der Nachttisch

chest of drawers
die Kommode

drawer
die Schublade

bed
das Bett

mattress
die Matratze

bedspread
die Tagesdecke

pillow
das Kopfkissen

hot-water bottle
die Wärmflasche

clock radio
der Radiowecker

alarm clock
der Wecker

box of tissues
die Papiertaschen-
tuchschachtel

coat hanger
der Kleiderbügel

bed linen • die Bettwäsche

mirror
der Spiegel

dressing table
der Frisiertisch

floor
der Fußboden

pillowcase
der Kissenbezug

sheet
das Bettlaken

valance
der Volant

duvet
die Bettdecke

quilt
die Steppdecke

blanket
die Decke

---

vocabulary • Vokabular

single bed das Einzelbett	**footboard** das Fußende	**insomnia** die Schlaflosigkeit	**wake up (v)** aufwachen	**set the alarm (v)** den Wecker stellen
double bed das Doppelbett	**spring** die Sprungfeder	**go to bed (v)** ins Bett gehen	**get up (v)** aufstehen	**snore (v)** schnarchen
electric blanket die Heizdecke	**carpet** der Teppich	**go to sleep (v)** einschlafen	**make the bed (v)** das Bett machen	**built-in wardrobe** der Einbauschrank

bathroom • das Badezimmer

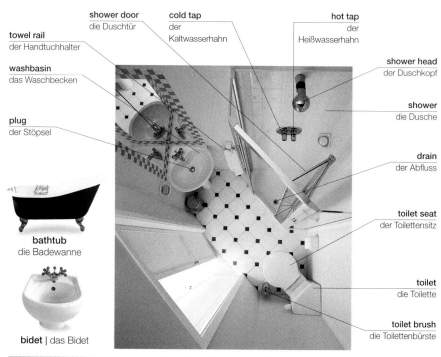

shower door
die Duschtür

cold tap
der Kaltwasserhahn

hot tap
der Heißwasserhahn

towel rail
der Handtuchhalter

washbasin
das Waschbecken

shower head
der Duschkopf

plug
der Stöpsel

shower
die Dusche

drain
der Abfluss

toilet seat
der Toilettensitz

bathtub
die Badewanne

toilet
die Toilette

bidet | das Bidet

toilet brush
die Toilettenbürste

---

vocabulary • Vokabular

medicine cabinet
die Hausapotheke

bath mat
die Badematte

toilet roll
die Rolle Toilettenpapier

shower curtain
der Duschvorhang

take a shower (v)
duschen

take a bath (v)
baden

dental hygiene • die Zahnpflege

toothbrush
die Zahnbürste

dental floss
die Zahnseide

toothpaste
die Zahnpasta

mouthwash
das Mundwasser

loofah
der Luffa-
schwamm

sponge
der Schwamm

pumice stone
der Bimsstein

back brush
die Rückenbürste

deodorant
das Deo

soap dish
die Seifenschale

soap
die Seife

face cream
die Gesichtscreme

shower gel
das Duschgel

bubble bath
das Schaumbad

hand towel
das Handtuch

bath towel
das
Badetuch

towels
die Handtücher

body lotion
die Körperlotion

talcum powder
der Körperpuder

bathrobe
der Bademantel

shaving • das Rasieren

electric razor
der
Elektrorasierer

shaving foam
der Rasierschaum

disposable razor
der Einwegrasierer

razor blade
die Rasierklinge

aftershave
das Rasierwasser

---

english • deutsch

nursery • das Kinderzimmer

baby care • die Säuglingspflege

nappy rash cream
die Wundsalbe

wet wipe
das Pflegetuch

sponge
der Schwamm

baby bath
die Babywanne

potty
das Töpfchen

changing mat
die Wickelmatte

sleeping • das Schlafen

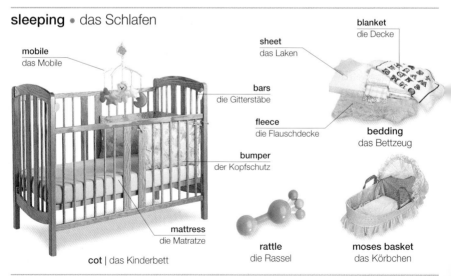

blanket
die Decke

sheet
das Laken

mobile
das Mobile

bars
die Gitterstäbe

fleece
die Flauschdecke

bumper
der Kopfschutz

bedding
das Bettzeug

mattress
die Matratze

rattle
die Rassel

moses basket
das Körbchen

cot | das Kinderbett

playing · das Spielen

doll
die Puppe

soft toy
das Kuscheltier

doll's house
das Puppenhaus

playhouse
das Spielhaus

teddy bear
der Teddy

toy
das Spielzeug

toy basket
der Spielzeugkorb

ball
der Ball

playpen
der Laufstall

safety · die Sicherheit

child lock
die Kindersicherung

baby monitor
die Babysprechanlage

stair gate
das Treppengitter

eating · das Essen

high chair
der Kinderstuhl

teat
der Sauger

drinking cup
der
Schnabelbecher

bottle
die Babyflasche

going out · das Ausgehen

pushchair
der Sportwagen

hood
das Verdeck

pram
der Kinderwagen

nappy
die Windel

carrycot
das Tragebettchen

changing bag
die Babytasche

baby sling
die Babytrageschlinge

utility room • der Allzweckraum

laundry • die Wäsche

clean clothes
die saubere Wäsche

dirty washing
die schmutzige
Wäsche

laundry basket	**washing machine**	**washer-dryer**	**tumble dryer**	**linen basket**
der Wäschekorb	die Waschmaschine	der Waschtrockner	der Trockner	der Wäschekorb

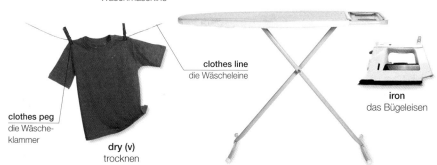

clothes line
die Wäscheleine

iron
das Bügeleisen

clothes peg
die Wäsche-
klammer

dry (v)
trocknen

ironing board | das Bügelbrett

---

vocabulary • Vokabular

load (v)	**spin (v)**	**iron (v)**	**How do I operate the washing machine?**
füllen	schleudern	bügeln	Wie benutze ich die Waschmaschine?
rinse (v)	**spin dryer**	**conditioner**	**What is the setting for coloureds/whites?**
spülen	die Wäscheschleuder	der Weichspüler	Welches Programm nehme ich für farbige/weiße Wäsche?

cleaning equipment • die Reinigungsartikel

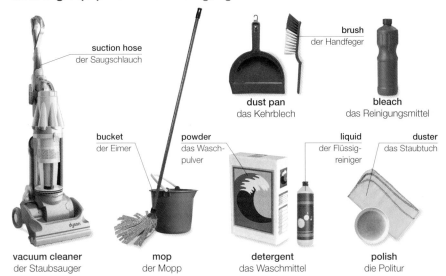

suction hose
der Saugschlauch

brush
der Handfeger

dust pan
das Kehrblech

bleach
das Reinigungsmittel

bucket
der Eimer

powder
das Wasch-
pulver

liquid
der Flüssig-
reiniger

duster
das Staubtuch

vacuum cleaner
der Staubsauger

mop
der Mopp

detergent
das Waschmittel

polish
die Politur

activities • die Tätigkeiten

clean (v)
putzen

wash (v)
spülen

wipe (v)
wischen

scrub (v)
schrubben

scrape (v)
kratzen

broom
der Besen

sweep (v)
fegen

dust (v)
Staub wischen

polish (v)
polieren

workshop • die Heimwerkstatt

chuck
das Bohrfutter

drill bit
der Bohrer

battery pack
die Batterie

jigsaw
die Stichsäge

rechargeable drill
der Bohrer mit
Batteriebetrieb

electric drill
der Elektrobohrer

glue gun
die Klebepistole

clamp
die Zwinge

blade
das Säge-
blatt

vice
der Schraubstock

sander
die Schleifmaschine

circular saw
die Kreissäge

workbench
die Werkbank

wood glue
der Holzleim

tool rack
das
Werkzeuggestell

router
der Grundhobel

bit brace
die Bohrwinde

wood shavings
die Holzspäne

extension lead
die
Verlängerungsschnur

techniques • die Fertigkeiten

cut (v)
schneiden

saw (v)
sägen

drill (v)
bohren

hammer (v)
hämmern

plane (v)
hobeln

turn (v)
drechseln

carve (v)
schnitzen

solder
der Lötzinn

solder (v)
löten

materials • die Materialien

MDF
die MDF-Platte

plywood
das Sperrholz

chipboard
das Spanholz

hardboard
die Hartfaserplatte

softwood
das Weichholz

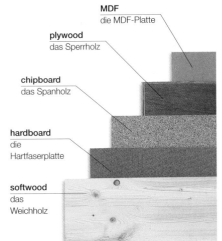
wood | das Holz

hardwood
das Hartholz

varnish
der Lack

woodstain
die Beize

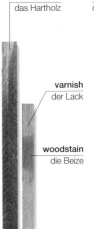

wire
der Draht

cable
das Kabel

stainless steel
der rostfreie Stahl

galvanised
galvanisiert

metal | das Metall

toolbox • der Werkzeugkasten

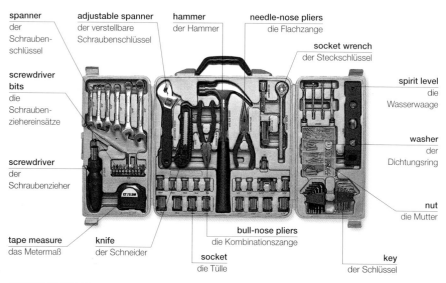

spanner
der Schrauben-schlüssel

adjustable spanner
der verstellbare Schraubenschlüssel

hammer
der Hammer

needle-nose pliers
die Flachzange

socket wrench
der Steckschlüssel

screwdriver bits
die Schrauben-ziehereinsätze

spirit level
die Wasserwaage

screwdriver
der Schraubenzieher

washer
der Dichtungsring

nut
die Mutter

tape measure
das Metermaß

knife
der Schneider

bull-nose pliers
die Kombinationszange

socket
die Tülle

key
der Schlüssel

drill bits • die Bohrer

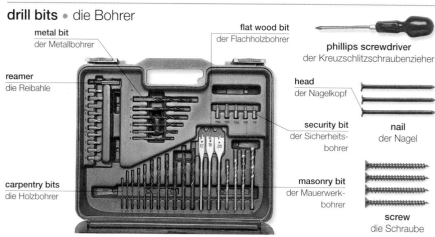

metal bit
der Metallbohrer

flat wood bit
der Flachholzbohrer

phillips screwdriver
der Kreuzschlitzschraubenzieher

reamer
die Reibahle

head
der Nagelkopf

security bit
der Sicherheits-bohrer

nail
der Nagel

carpentry bits
die Holzbohrer

masonry bit
der Mauerwerk-bohrer

screw
die Schraube

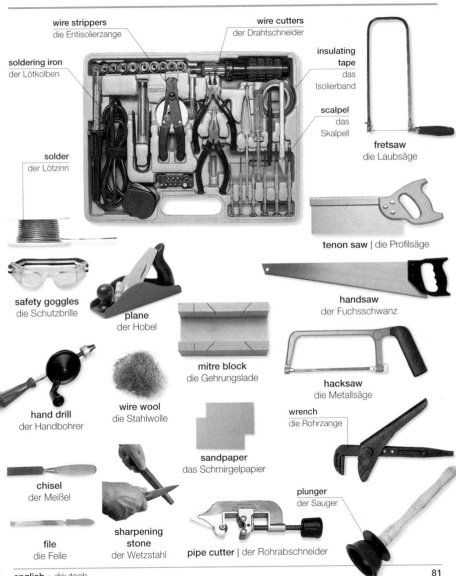

wire strippers
die Entisolierzange

wire cutters
der Drahtschneider

soldering iron
der Lötkolben

insulating
tape
das
Isolierband

scalpel
das
Skalpell

solder
der Lötzinn

fretsaw
die Laubsäge

tenon saw | die Profilsäge

safety goggles
die Schutzbrille

plane
der Hobel

handsaw
der Fuchsschwanz

mitre block
die Gehrungslade

hacksaw
die Metallsäge

hand drill
der Handbohrer

wire wool
die Stahlwolle

wrench
die Rohrzange

chisel
der Meißel

sandpaper
das Schmirgelpapier

plunger
der Sauger

file
die Feile

sharpening
stone
der Wetzstahl

pipe cutter | der Rohrabschneider

english • deutsch

81

decorating • das Tapezieren

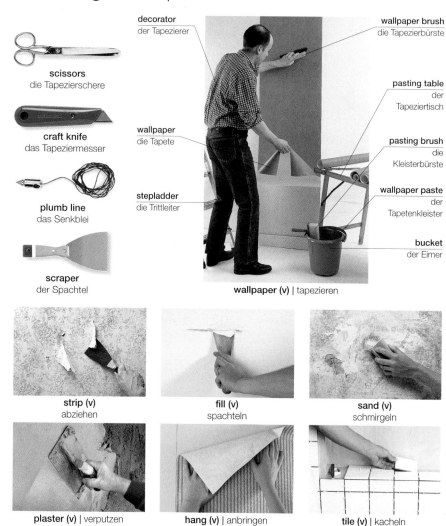

scissors
die Tapezierschere

craft knife
das Tapeziermesser

plumb line
das Senkblei

scraper
der Spachtel

decorator
der Tapezierer

wallpaper
die Tapete

stepladder
die Trittleiter

wallpaper brush
die Tapezierbürste

pasting table
der Tapeziertisch

pasting brush
die Kleisterbürste

wallpaper paste
der Tapetenkleister

bucket
der Eimer

wallpaper (v) | tapezieren

strip (v)
abziehen

fill (v)
spachteln

sand (v)
schmirgeln

plaster (v) | verputzen

hang (v) | anbringen

tile (v) | kacheln

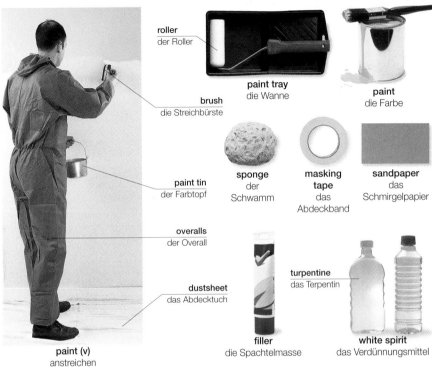

roller
der Roller

paint tray
die Wanne

paint
die Farbe

brush
die Streichbürste

sponge
der Schwamm

masking tape
das Abdeckband

sandpaper
das Schmirgelpapier

paint tin
der Farbtopf

overalls
der Overall

turpentine
das Terpentin

dustsheet
das Abdecktuch

filler
die Spachtelmasse

white spirit
das Verdünnungsmittel

paint (v)
anstreichen

vocabulary • Vokabular

plaster der Gips	**gloss** Glanz-	**embossed paper** die Relieftapete	**undercoat** die Grundierung	**grout** der Fugenkitt
varnish der Lack	**mat** matt	**lining paper** das Einsatzpapier	**top coat** der Deckanstrich	**solvent** das Lösungsmittel
emulsion die Emulsionsfarbe	**stencil** die Schablone	**primer** die Grundfarbe	**preservative** der Schutzanstrich	**sealant** das Versiegelungsmittel

garden • der Garten

garden styles • die Gartentypen

patio garden
der Patiogarten

formal garden | der architektonische Garten

cottage garden
der Bauerngarten

herb garden
der Kräutergarten

roof garden
der Dachgarten

rock garden
der Steingarten

courtyard
der Hof

water garden
der Wassergarten

garden features • die Gartenornamente

hanging basket
die Blumenampel

trellis
das Spalier

pergola
die Pergola

paving
die Platten

path
der Weg

compost heap
der Komposthaufen

gate
das Tor

flowerbed
das Blumenbeet

shed
der Schuppen

greenhouse
das Gewächshaus

lawn
der Rasen

fence
der Zaun

pond
der Teich

herbaceous border
die Staudenrabatte

hedge
die Hecke

arch
der Bogen

vegetable garden
der Gemüsegarten

soil • der Boden

topsoil
die Erde

sand
der Sand

chalk
der Kalk

silt
der Schlick

clay
der Lehm

decking
die Planken

fountain | der Springbrunnen

garden plants • die Gartenpflanzen

types of plants • die Pflanzenarten

annual
einjährig

biennial
zweijährig

perennial
mehrjährig

bulb
die Zwiebel

fern
der Farn

rush
die Binse

bamboo
der Bambus

weeds
das Unkraut

herb
das Kraut

water plant
die Wasserpflanze

tree
der Baum

palm
die Palme

conifer
der Nadelbaum

evergreen
immergrün

deciduous
der Laubbaum

topiary
der Formschnitt

alpine
die Alpenpflanze

succulent
die Sukkulente

cactus
der Kaktus

potted plant
die Topfpflanze

shade plant
die Schattenpflanze

climber
die Kletterpflanze

flowering shrub
der Zierstrauch

ground cover
der Bodendecker

creeper
die Kriechpflanze

ornamental
Zier-

grass
das Gras

garden tools • die Gartengeräte

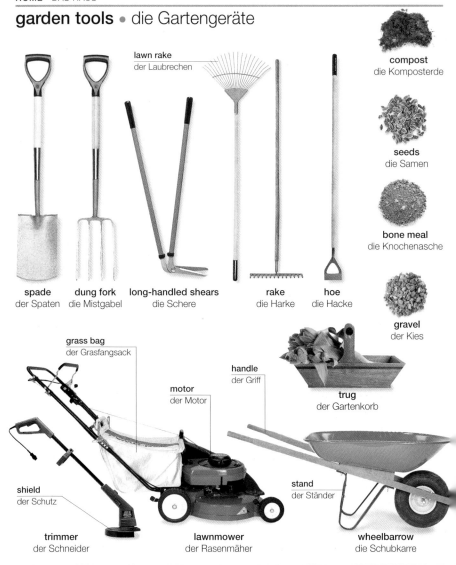

lawn rake
der Laubrechen

compost
die Komposterde

seeds
die Samen

bone meal
die Knochenasche

| **spade**
der Spaten | **dung fork**
die Mistgabel | **long-handled shears**
die Schere | **rake**
die Harke | **hoe**
die Hacke |

gravel
der Kies

grass bag
der Grasfangsack

handle
der Griff

motor
der Motor

trug
der Gartenkorb

shield
der Schutz

stand
der Ständer

trimmer
der Schneider

lawnmower
der Rasenmäher

wheelbarrow
die Schubkarre

hand fork
die Handgabel

secateurs
die Rosenschere

gardening gloves
die Gartenhandschuhe

trowel
die Pflanzschaufel

twine
der Zwirn

labels
die Pflanzen-
schildchen

blade
die Klinge

seed tray
der Setzkasten

twist ties
die
Befestigungen

ring ties
die Ring-
befestigungen

canes
die Garten-
stöcke

shears
die Heckenschere

sieve
das Sieb

pesticide
das Pestizid

plant pot
der
Blumentopf

rubber boots
die Gummistiefel

hand saw
die Handsäge

watering • das Gießen

spray gun
die Gartenspritze

sprinkler
der Rasensprenger

nozzle
die Düse

watering can
die Gießkanne

hosepipe
der Gartenschlauch

rose
die Brause

hose reel | der Schlauchwagen

gardening • die Gartenarbeit

lawn
der Rasen

hedge
die Hecke

flowerbed
das
Blumenbeet

stake
die Stange

lawnmower
der
Rasenmäher

mow (v) | mähen

turf (v)
mit Rasen bedecken

spike (v)
stechen

rake (v)
harken

trim (v)
stutzen

dig (v)
graben

sow (v)
säen

top dress (v)
mit Kopfdünger
düngen

water (v)
gießen

train (v)
ziehen

deadhead (v)
köpfen

spray (v)
sprühen

cane
der Stock

cutting
der Ableger

graft (v)
pfropfen

propagate (v)
vermehren

prune (v)
beschneiden

stake (v)
hochbinden

transplant (v)
umpflanzen

weed (v)
jäten

mulch (v)
mulchen

harvest (v)
ernten

vocabulary • Vokabular

cultivate (v) züchten	**landscape (v)** gestalten	**fertilize (v)** düngen	**sieve (v)** sieben	**organic** biodynamisch	**seedling** der Sämling	**subsoil** der Untergrund
tend (v) hegen	**pot up (v)** eintopfen	**pick (v)** pflücken	**aerate (v)** auflockern	**fertilizer** der Dünger	**drainage** die Entwässerung	**weedkiller** der Unkrautvernichter

services
die Dienstleistungen

emergency services • die Notdienste

ambulance • der Krankenwagen

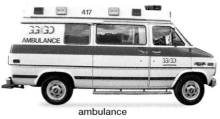

ambulance
der Krankenwagen

stretcher
die Tragbahre

paramedic
der Rettungssanitäter

police • die Polizei

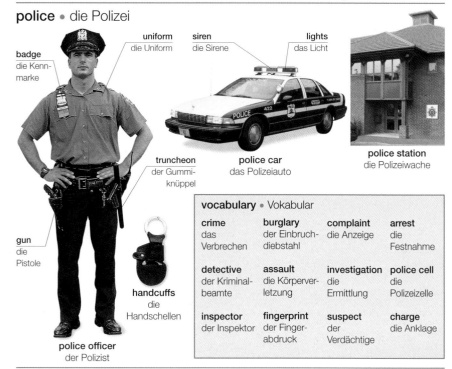

badge
die Kenn-
marke

uniform
die Uniform

siren
die Sirene

lights
das Licht

gun
die
Pistole

truncheon
der Gummi-
knüppel

police car
das Polizeiauto

police station
die Polizeiwache

handcuffs
die
Handschellen

police officer
der Polizist

vocabulary • Vokabular

crime das Verbrechen	burglary der Einbruch- diebstahl	complaint die Anzeige	arrest die Festnahme
detective der Kriminal- beamte	assault die Körperver- letzung	investigation die Ermittlung	police cell die Polizeizelle
inspector der Inspektor	fingerprint der Finger- abdruck	suspect der Verdächtige	charge die Anklage

fire brigade • die Feuerwehr

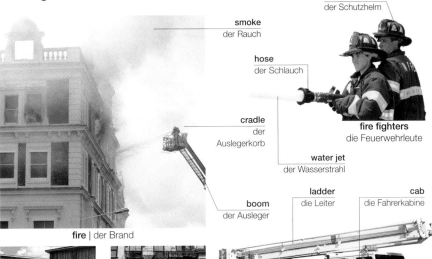

helmet
der Schutzhelm

smoke
der Rauch

hose
der Schlauch

cradle
der
Auslegerkorb

fire fighters
die Feuerwehrleute

water jet
der Wasserstrahl

boom
der Ausleger

ladder
die Leiter

cab
die Fahrerkabine

fire | der Brand

fire station
die Feuerwache

fire escape
die Feuertreppe

fire engine
das Löschfahrzeug

smoke alarm
der Rauchmelder

fire alarm
der Feuermelder

axe
das Beil

fire extinguisher
der Feuerlöscher

hydrant
der Hydrant

| I need the police/fire brigade/ambulance. Die Polizei/die Feuerwehr/einen Krankenwagen, bitte. | There's a fire at… Es brennt in… | There's been an accident. Es ist ein Unfall passiert. | Call the police! Rufen Sie die Polizei! |

bank • die Bank

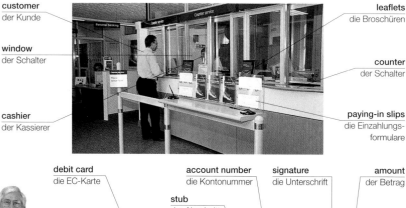

customer
der Kunde

window
der Schalter

cashier
der Kassierer

leaflets
die Broschüren

counter
der Schalter

paying-in slips
die Einzahlungs-
formulare

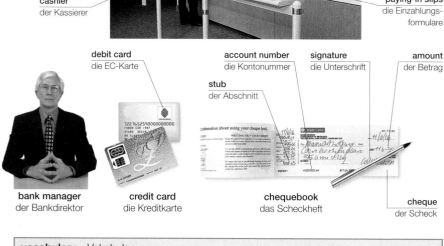

debit card
die EC-Karte

account number
die Kontonummer

stub
der Abschnitt

signature
die Unterschrift

amount
der Betrag

bank manager
der Bankdirektor

credit card
die Kreditkarte

chequebook
das Scheckheft

cheque
der Scheck

vocabulary • Vokabular

loan das Darlehen	mortgage die Hypothek	payment die Zahlung	pay in (v) einzahlen	current account das Girokonto
tax die Steuer	interest rate der Zinssatz	direct debit der Einzugsauftrag	bank transfer die Banküberweisung	savings account das Sparkonto
savings die Spareinlagen	overdraft die Kontoüberziehung	withdrawal slip das Abhebungsformular	bank charge die Bankgebühr	pin number der PIN-Kode

coin
die Münze

note
der Schein

screen
der Bildschirm

card slot
der Kartenschlitz

key pad
das Tastenfeld

money
das Geld

cash machine
der Geldautomat

---

foreign currency • die ausländische Währung

bureau de change
die Wechselstube

traveller's cheque
der Reisescheck

exchange rate
der Wechselkurs

---

vocabulary • Vokabular

cash (v) einlösen	**shares** die Aktien
denomination der Nennwert	**dividends** die Gewinnanteile
commission die Provision	**equity** die Anleihe
investment die Kapitalanlage	**portfolio** das Portefeuille
stocks die Wertpapiere	**accountant** der Wirtschaftsprüfer

Can I change this please?
Könnte ich das bitte wechseln?

What's today's exchange rate?
Wie ist der heutige Wechselkurs?

---

finance • die Geldwirtschaft

share price
der Aktienpreis

stockbroker
der Börsenmakler

financial advisor
die Finanzberaterin

stock exchange | die Börse

---

communications • die Kommunikation

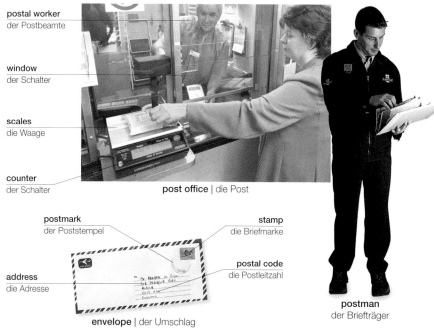

postal worker
der Postbeamte

window
der Schalter

scales
die Waage

counter
der Schalter

post office | die Post

postmark
der Poststempel

stamp
die Briefmarke

postal code
die Postleitzahl

address
die Adresse

envelope | der Umschlag

postman
der Briefträger

vocabulary • Vokabular

letter der Brief	return address der Absender	delivery die Zustellung	fragile zerbrechlich	do not bend (v) nicht falten
by airmail per Luftpost	signature die Unterschrift	postage die Portokosten	mailbag der Postsack	this way up oben
registered post das Einschreiben	collection die Leerung	postal order die Postanweisung	telegram das Telegramm	fax das Fax

postbox
der Briefkasten

letterbox
der Hausbriefkasten

parcel
das Paket

courier
der Kurierdienst

telephone • das Telefon

handset
der Hörer

answering machine
der Anrufbeantworter

base station
die Basisstation

cordless phone
das schnurlose Telefon

video phone
das Bildtelefon

telephone box
die Telefonzelle

keypad
das Tastenfeld

receiver
der Hörer

coin return
die Münzrückgabe

mobile phone
das Handy

coin phone
der Münzfernsprecher

card phone
das Kartentelefon

---

vocabulary • Vokabular

directory enquiries die Auskunft	**answer (v)** abheben	**operator** die Vermittlung	**Can you give me the number for...?** Können Sie mir die Nummer für…geben?
reverse charge call das R-Gespräch	**text message** die SMS	**engaged/busy** besetzt	
dial (v) wählen	**voice message** die Sprachmitteilung	**disconnected** unterbrochen	**What is the dialling code for...?** Was ist die Vorwahl für…?

---

hotel • das Hotel
lobby • die Empfangshalle

guest
der Gast

room key
der Zimmerschlüssel

messages
die Nachrichten

pigeonhole
das Fach

receptionist
die Emp-
fangsdame

register
das Gästebuch

counter
der Schalter

reception | der Empfang

luggage
das Gepäck

trolley
der Kofferkuli

porter
der Hoteldiener

lift
der Fahrstuhl

room number
die Zimmernummer

rooms • die Zimmer

single room
das Einzelzimmer

double room
das Doppelzimmer

twin room
das Zweibettzimmer

private bathroom
das Privatbadezimmer

services • die Dienstleistungen

maid service
die Zimmerreinigung

laundry service
der Wäschedienst

breakfast tray
das Frühstückstablett

room service | der Zimmerservice

mini bar
die Minibar

restaurant
das Restaurant

gym
der Fitnessraum

swimming pool
das Schwimmbad

---

vocabulary • Vokabular

full board
die Vollpension

half board
die Halbpension

bed and breakfast
die Übernachtung mit
Frühstück

Do you have any vacancies?
Haben Sie ein Zimmer frei?

I have a reservation.
Ich habe ein Zimmer reserviert.

I'd like a single room.
Ich möchte ein Einzelzimmer.

I'd like a room for three nights.
Ich möchte ein Zimmer für drei Nächte.

What is the charge per night?
Was kostet das Zimmer pro Nacht?

When do I have to vacate the room?
Wann muss ich das Zimmer räumen?

shopping
der Einkauf

shopping centre • das Einkaufszentrum

atrium
das Atrium

sign
das Schild

lift
der Fahrstuhl

second floor
die zweite Etage

first floor
die erste Etage

escalator
die Rolltreppe

ground floor
das Erdgeschoss

customer
der Kunde

vocabulary • Vokabular

children's department	customer services	changing rooms	How much is this?
die Kinderabteilung	der Kundendienst	die Anprobe	Was kostet das?
luggage department	store directory	baby changing facilities	May I exchange this?
die Gepäckabteilung	die Anzeigetafel	der Wickelraum	Kann ich das umtauschen?
shoe department	sales assistant	toilets	
die Schuhabteilung	der Verkäufer	die Toiletten	

department store • das Kaufhaus

men's wear
die Herrenbekleidung

women's wear
die Damenober-
bekleidung

lingerie
die Damenwäsche

perfumery
die Parfümerie

beauty
die Schönheitspflege

linen
die Haushalts-
wäsche

home furnishings
die Möbel

haberdashery
die Kurzwaren

kitchenware
die Küchengeräte

china
das Porzellan

electrical goods
die Elektroartikel

lighting
die Lampen

sports
die Sportartikel

toys
die Spielwaren

stationery
die Schreibwaren

food hall
die Lebensmittelabteilung

supermarket • der Supermarkt

aisle
der Gang

shelf
das Warenregal

conveyer belt
das Laufband

cashier
der Kassierer

offers
die Angebote

checkout | die Kasse

customer
der Kunde

till
die Kasse

shopping bag
die Einkaufstasche

groceries
die Lebensmittel

handle
der Henkel

bar code
der Strichkode

trolley
der Einkaufswagen

basket
der Einkaufskorb

scanner
der Scanner

bakery
die Backwaren

dairy
die Milchprodukte

cereals
die Getreideflocken

tinned food
die Konserven

confectionery
die Süßwaren

vegetables
das Gemüse

fruit
das Obst

meat and poultry
das Fleisch und das Geflügel

fish
der Fisch

deli
die Feinkost

frozen food
die Tiefkühlkost

convenience food
die Fertiggerichte

drinks
die Getränke

household products
die Haushaltswaren

toiletries
die Toilettenartikel

baby products
die Babyprodukte

electrical goods
die Elektroartikel

pet food
das Tierfutter

magazines | die Zeitschriften

chemist • die Apotheke

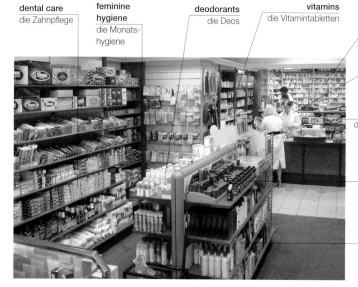

dental care
die Zahnpflege

feminine hygiene
die Monats-hygiene

deodorants
die Deos

vitamins
die Vitamintabletten

dispensary
die Arznei-ausgabe

pharmacist
der Apotheker

cough medicine
das Hustenmedikament

herbal remedies
Kräuterheilmittel

skin care
die Hautpflege

aftersun
die After-Sun-Lotion

sunscreen
die Sonnenschutzcreme

sunblock
der Sonnenblocker

insect repellent
das Insektenschutzmittel

wet wipe
das Reinigungstuch

tissue
das Papiertaschentuch

sanitary towel
die Damenbinde

tampon
der Tampon

panty liner
die Slipeinlage

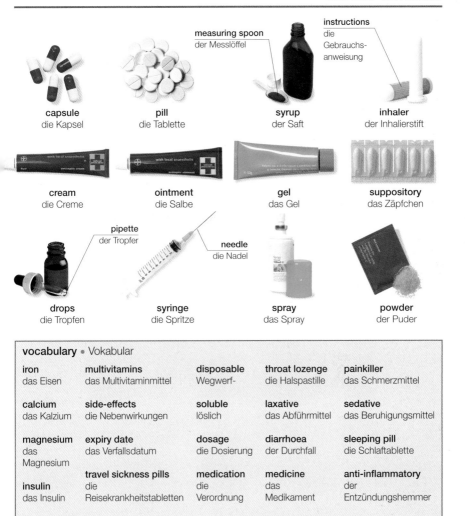

measuring spoon
der Messlöffel

instructions
die Gebrauchs-anweisung

capsule
die Kapsel

pill
die Tablette

syrup
der Saft

inhaler
der Inhalierstift

cream
die Creme

ointment
die Salbe

gel
das Gel

suppository
das Zäpfchen

pipette
der Tropfer

needle
die Nadel

drops
die Tropfen

syringe
die Spritze

spray
das Spray

powder
der Puder

vocabulary • Vokabular

iron das Eisen	**multivitamins** das Multivitaminmittel	**disposable** Wegwerf-	**throat lozenge** die Halspastille	**painkiller** das Schmerzmittel
calcium das Kalzium	**side-effects** die Nebenwirkungen	**soluble** löslich	**laxative** das Abführmittel	**sedative** das Beruhigungsmittel
magnesium das Magnesium	**expiry date** das Verfallsdatum	**dosage** die Dosierung	**diarrhoea** der Durchfall	**sleeping pill** die Schlaftablette
insulin das Insulin	**travel sickness pills** die Reisekrankheitstabletten	**medication** die Verordnung	**medicine** das Medikament	**anti-inflammatory** der Entzündungshemmer

florist • das Blumengeschäft

flowers
die Blumen

lily
die Lilie

acacia
die Akazie

carnation
die Nelke

pot plant
die Topfpflanze

gladiolus
die Gladiole

iris
die Iris

daisy
die Margerite

chrysanthemum
die
Chrysantheme

gypsophila
das
Schleierkraut

stocks
die Levkoje

gerbera
die Gerbera

foliage
die Blätter

rose
die Rose

freesia
die Freesie

vase
die Blumenvase

orchid
die Orchidee

peony
die Pfingstrose

bunch
der Strauß

stem
der Stängel

daffodil
die Osterglocke

bud
die Knospe

wrapping
das Einwickel-
papier

tulip | die Tulpe

arrangements • die Blumenarrangements

ribbon
das Band

bunch
der Blumenstrauß

dried flowers
die Trockenblumen

pot-pourri | das Potpourri

wreath | der Kranz

garland
die
Blumengirlande

Can I have a bunch of… please. Ich möchte einen Strauß…, bitte.	**How long will these last?** Wie lange halten sie?
Can I have them wrapped? Können Sie die Blumen bitte einwickeln?	**Are they fragrant?** Duften sie?
Can I attach a message? Kann ich eine Nachricht mitschicken?	**Can you send them to….?** Können Sie die Blumen an… schicken?

newsagent • der Zeitungshändler

cigarettes
die Zigaretten

packet of cigarettes
das Päckchen Zigaretten

matches
die Streichhölzer

lottery tickets
die Lottoscheine

stamps
die Briefmarken

postcard
die Postkarte

comic
das Comicheft

magazine
die Zeitschrift

newspaper
die Zeitung

smoking • das Rauchen

stem
der Stiel

bowl
der Kopf

tobacco
der Tabak

lighter
das Feuerzeug

pipe
die Pfeife

cigar
die Zigarre

confectioner • der Konditor

box of chocolates
die Schachtel Pralinen

snack bar
die Nascherei

crisps
die Chips

sweet shop | das Süßwarengeschäft

vocabulary • Vokabular

caramel der Karamell	**biscuit** der Keks
truffle der Trüffel	**boiled sweets** die Bonbons
white chocolate die weiße Schokolade	**milk chocolate** die Milchschokolade
pick and mix die bunte Mischung	**plain chocolate** die Zartbitter-schokolade

confectionery • die Süßwaren

chocolate
die Praline

chocolate bar
die Tafel Schokolade

sweets
die Bonbons

lollipop
der Lutscher

toffee
das Toffee

nougat
der Nugat

marshmallow
das Marshmallow

mint
das Pfefferminz

chewing gum
der Kaugummi

jellybean
der Geleebonbon

fruit gum
der Fruchtgummi

licquorice
die Lakritze

other shops • andere Geschäfte

baker's
die Bäckerei

cake shop
die Konditorei

butcher's
die Metzgerei

fishmonger's
das Fischgeschäft

greengrocer's
der Gemüseladen

grocer's
das Lebensmittel-
geschäft

shoe shop
das Schuhgeschäft

hardware shop
die Eisenwaren-
handlung

antiques shop
der Antiquitätenladen

gift shop
der Geschenkartikel-
laden

travel agent's
das Reisebüro

jeweller's
das Juweliergeschäft

book shop
der Buchladen

record shop
das Musikgeschäft

off licence
die Weinhandlung

pet shop
die Tierhandlung

furniture shop
das Möbelgeschäft

boutique
die Boutique

vocabulary • Vokabular

launderette der Waschsalon	**camera shop** das Fotogeschäft
garden centre das Gartencenter	**health food shop** das Reformhaus
dry cleaner's die Reinigung	**art shop** die Kunsthandlung
estate agent's der Immobilienmakler	**second-hand shop** der Gebrauchtwarenhändler

tailor's
die Schneiderei

hairdresser's
der Frisiersalon

market | der Markt

food
die Nahrungsmittel

meat • das Fleisch

lamb
das Lamm

butcher
der Metzger

meat hook
der Fleischerhaken

scales
die Waage

knife sharpener
der Messerschärfer

bacon
der Speck

sausages
die Würstchen

liver
die Leber

vocabulary • Vokabular

pork das Schweinefleisch	**venison** das Wild	**offal** die Innereien	**free range** aus Freilandhaltung	**red meat** das rote Fleisch
beef das Rindfleisch	**rabbit** das Kaninchen	**cured** gepökelt	**organic** biologisch kontrolliert	**lean meat** das magere Fleisch
veal das Kalbfleisch	**tongue** die Zunge	**smoked** geräuchert	**white meat** das weiße Fleisch	**cooked meat** der Aufschnitt

cuts • die Fleischsorten

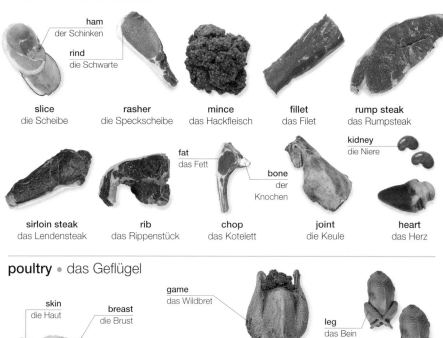

ham
der Schinken

rind
die Schwarte

slice
die Scheibe

rasher
die Speckscheibe

mince
das Hackfleisch

fillet
das Filet

rump steak
das Rumpsteak

kidney
die Niere

fat
das Fett

bone
der
Knochen

sirloin steak
das Lendensteak

rib
das Rippenstück

chop
das Kotelett

joint
die Keule

heart
das Herz

poultry • das Geflügel

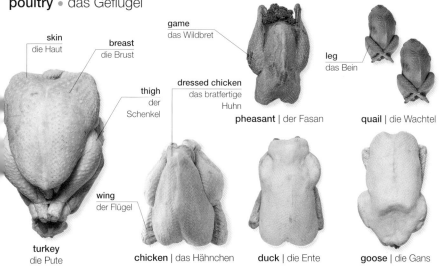

skin
die Haut

breast
die Brust

game
das Wildbret

leg
das Bein

thigh
der
Schenkel

dressed chicken
das bratfertige
Huhn

pheasant | der Fasan

quail | die Wachtel

wing
der Flügel

turkey
die Pute

chicken | das Hähnchen

duck | die Ente

goose | die Gans

fish • der Fisch

peeled prawns
die geschälten
Garnelen

ice
das Eis

red mullet
die rote
Meerbarbe

halibut fillets
die Heilbuttfilets

rainbow trout
die Regenbogenforelle

skate wings
die
Rochenflügel

fishmonger's
das Fischgeschäft

monkfish
der Seeteufel

mackerel
die Makrele

trout
die Forelle

swordfish
der Schwertfisch

Dover sole
die Seezunge

lemon sole
die Rotzunge

haddock
der Schellfisch

sardine
die Sardine

skate
der Rochen

whiting
der Merlan

sea bass
der Seebarsch

salmon | der Lachs

cod
der Kabeljau

sea bream
die Goldbrasse

tuna
der Tunfisch

seafood • die Meeresfrüchte

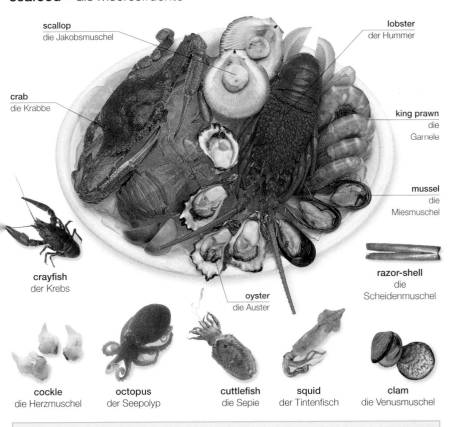

scallop
die Jakobsmuschel

lobster
der Hummer

crab
die Krabbe

king prawn
die
Garnele

mussel
die
Miesmuschel

crayfish
der Krebs

razor-shell
die
Scheidenmuschel

oyster
die Auster

cockle
die Herzmuschel

octopus
der Seepolyp

cuttlefish
die Sepie

squid
der Tintenfisch

clam
die Venusmuschel

vocabulary • Vokabular

frozen	cleaned	smoked	descaled	filleted	salted	skinned	boned	fillet
tiefgefroren	gesäubert	geräuchert	entschuppt	filetiert	gesalzen	enthäutet	entgrätet	das Filet

fresh	steak	tail	bone	scale	loin	**Will you clean it for me?**
frisch	die Scheibe	der Schwanz	die Gräte	die Schuppe	die Lende	Können Sie ihn mir fertig zubereiten?

vegetables 1 • das Gemüse 1

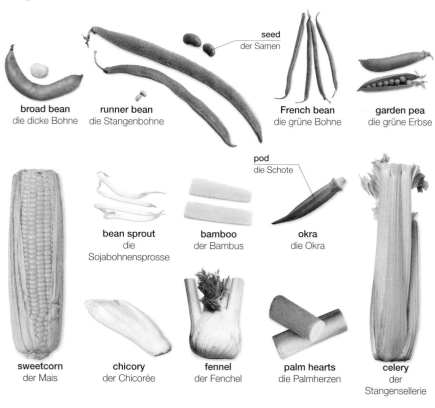

seed
der Samen

broad bean
die dicke Bohne

runner bean
die Stangenbohne

French bean
die grüne Bohne

garden pea
die grüne Erbse

pod
die Schote

bean sprout
die
Sojabohnensprosse

bamboo
der Bambus

okra
die Okra

sweetcorn
der Mais

chicory
der Chicorée

fennel
der Fenchel

palm hearts
die Palmherzen

celery
der
Stangensellerie

---

vocabulary • Vokabular

leaf das Blatt	**floret** das Röschen	**tip** die Spitze	**organic** biologisch	**Do you sell organic vegetables?** Verkaufen Sie Biogemüse?
stalk der Strunk	**kernel** der Kern	**heart** das Herz	**plastic bag** die Plastiktüte	**Are these grown locally?** Werden sie in dieser Gegend angebaut?

---

rocket
die Rauke

watercress
die Brunnenkresse

radicchio
der Radicchio

brussel sprout
der Rosenkohl

swiss chard
der Mangold

kale
der Grünkohl

sorrel
der Gartensauerampfer

endive
die Endivie

dandelion
der Löwenzahn

spinach
der Spinat

kohlrabi
der Kohlrabi

pak-choi
der Chinakohl

lettuce
der Salat

broccoli
der Brokkoli

cabbage
der Kohl

spring greens
der Frühkohl

vegetables 2 • das Gemüse 2

artichoke
die Artischocke

radish
das Radieschen

cauliflower
der Blumenkohl

turnip
die Rübe

potato
die Kartoffel

asparagus
der Spargel

onion
die Zwiebel

pepper
die Paprika

chilli
die Peperoni

marrow
der Gartenkürbis

---

vocabulary • Vokabular

cherry tomato die Kirschtomate	**celeriac** der Sellerie	**frozen** tiefgefroren	**bitter** bitter	**Can I have one kilo of potatoes please?** Könnte ich bitte ein Kilo Kartoffeln haben?
carrot die Karotte	**taro root** die Tarowurzel	**raw** roh	**firm** fest	
breadfruit die Brotfrucht	**water chestnut** die Wasserkastanie	**hot (spicy)** scharf	**flesh** das Fleisch	**What's the price per kilo?** Was kostet ein Kilo?
new potato die neue Kartoffel	**cassava** der Maniok	**sweet** süß	**root** die Wurzel	**What are those called?** Wie heißen diese?

sweet potato
die Süßkartoffel

yam
die Jamswurzel

beetroot
die Rote Bete

swede
die Kohlrübe

Jerusalem artichoke
der Topinambur

horseradish
der Meerrettich

parsnip
die Pastinake

ginger
der Ingwer

aubergine
die Aubergine

tomato
die Tomate

clove
die Zehe

spring onion
die Frühlingszwiebel

leek
der Lauch

shallot
die Schalotte

garlic
der Knoblauch

truffle
die Trüffel

mushroom
der Pilz

cucumber
die Gurke

courgette
die Zucchini

butternut squash
der Butternusskürbis

acorn squash
der Eichelkürbis

pumpkin
der Kürbis

fruit 1 • das Obst 1

citrus fruit • die Zitrusfrüchte

orange
die Orange

clementine
die Klementine

ugli fruit
die Tangelo

pith
die weiße
Haut

grapefruit
die Grapefruit

segment
der Schnitz

satsuma
die Satsuma

tangerine
die Mandarine

zest
die Schale

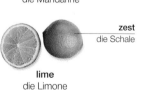

lime
die Limone

lemon
die Zitrone

kumquat
die Kumquat

stoned fruit • das Steinobst

peach
der Pfirsich

nectarine
die Nektarine

apricot
die Aprikose

plum
die Pflaume

cherry
die Kirsche

pear
die Birne

apple
der Apfel

basket of fruit | der Obstkorb

berries and melons • das Beerenobst und die Melonen

strawberry
die Erdbeere

raspberry
die Himbeere

melon
die Melone

grapes
die Weintrauben

blackberry
die Brombeere

redcurrant
die Johannisbeere

rind
die Schale

cranberry
die Preiselbeere

blackcurrant
die schwarze
Johannisbeere

seed
der Kern

flesh
das
Fruchtfleisch

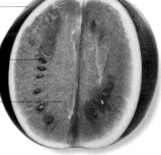

blueberry
die Heidelbeere

white currant
die weiße Johannisbeere

watermelon
die Wassermelone

loganberry
die Loganbeere

gooseberry
die Stachelbeere

---

vocabulary • Vokabular

sweet	**sour**	**crisp**	**seedless**	**Are they ripe?**
süß	sauer	knackig	kernlos	Sind sie reif?
fibre	**fresh**	**rotten**	**juice**	**Can I try one?**
die Balaststoffe	frisch	faul	der Saft	Könnte ich eine probieren?
	juicy	**pulp**	**core**	**How long will they keep?**
rhubarb	saftig	das Fruchtmark	das Kerngehäuse	Wie lange halten sie sich?
der Rhabarber				

---

fruit 2 • das Obst 2

mango
die Mango

avocado
die Avocado

pineapple
die Ananas

papaya
die Papaya

peach
der Pfirsich

lychee
die Litschi

kiwifruit
die Kiwi

cape gooseberry
die Kapstachelbeere

pip
der Kern

skin
die Schale

quince
die Quitte

passion fruit
die Passionsfrucht

banana
die Banane

guava
die Guave

pomegranate
der Granatapfel

persimmon
die Kaki

feijoa
die Feijoa

prickly pear
die Kaktusfeige

starfruit
die Sternfrucht

mangosteen
die Mangostane

nuts and dried fruit • die Nüsse und das Dörrobst

pine nut	**pistachio**	**cashewnut**	**peanut**	**hazelnut**
die Piniennuss	die Pistazie	die Cashewnuss	die Erdnuss	die Haselnuss

brazilnut	**pecan**	**almond**	**walnut**	**chestnut**
die Paranuss	die Pecannuss	die Mandel	die Walnuss	die Esskastanie

shell
die Schale

macadamia	**fig**	**date**	**prune**
die Macadamianuss	die Feige	die Dattel	die Backpflaume

flesh
das
Fruchtfleisch

sultana	**raisin**	**currant**	**coconut**
die Sultanine	die Rosine	die Korinthe	die Kokosnuss

---

vocabulary • Vokabular

green grün	**hard** hart	**kernel** der Kern	**salted** gesalzen	**roasted** geröstet	**tropical fruit** die Südfrüchte	**shelled** geschält
ripe reif	**soft** weich	**desiccated** getrocknet	**raw** roh	**seasonal** Saison-	**candied fruit** die kandierten Früchte	**whole** ganz

grains and pulses • die Getreidearten und die Hülsenfrüchte

grains • das Getreide

wheat
der Weizen

oats
der Hafer

barley
die Gerste

millet
die Hirse

corn
der Mais

quinoa
die Reismelde

rice • der Reis

white rice
der weiße Reis

brown rice
der Naturreis

wild rice
der Wildreis

pudding rice
der Milchreis

processed grains • die verarbeiteten Getreidearten

couscous
der Kuskus

cracked wheat
das Weizenschrot

semolina
der Grieß

bran
die Kleie

beans and peas • die Bohnen und die Erbsen

butter beans
die Mondbohnen

haricot beans
die weißen
Bohnen

**red kidney
beans**
die roten Bohnen

aduki beans
die Adzukibohnen

broad beans
die Saubohnen

soy beans
die Sojabohnen

black-eyed beans
die Pintobohnen

pinto beans
die Pintobohnen

mung beans
die Mungbohnen

flageolet beans
die französischen
Bohnen

brown lentils
die braunen
Linsen

red lentils
die roten Linsen

green peas
die grünen
Erbsen

chick peas
die Kichererbsen

split peas
die getrockneten
Erbsen

seeds • die Körner

pumpkin seed
der Kürbiskern

mustard seed
das Senfkorn

caraway
der Kümmel

sesame seed
das Sesamkorn

sunflower seed
der Sonnenblumenkern

herbs and spices • die Kräuter und Gewürze

spices • die Gewürze

vanilla
die Vanille

nutmeg
die Muskatnuss

mace
die Muskatblüte

turmeric
die Gelbwurz

cumin
der Kreuzkümmel

bouquet garni
die
Kräutermischung

allspice
der Piment

peppercorn
das Pfefferkorn

fenugreek
der
Bockshornklee

chilli
der Chili

saffron
der Safran

cardamom
der Kardamom

curry powder
das Currypulver

whole
ganz

crushed
zerstoßen

ground
gemahlen

paprika
der Paprika

flakes
geraspelt

garlic
der Knoblauch

english • deutsch

herbs • die Kräuter

sticks
die Stangen

cinnamon
der Zimt

lemon grass
das Zitronengras

cloves
die Gewürznelke

star anise
der Sternanis

ginger
der Ingwer

fennel
der Fenchel

chives
der Schnittlauch

tarragon
der Estragon

oregano
der Oregano

fennel seeds
die Fenchelsamen

mint
die Minze

marjoram
der Majoran

coriander
der Koriander

bay leaf
das Lorbeerblatt

thyme
der Thymian

basil
das Basilikum

dill
der Dill

parsley
die Petersilie

sage
der Salbei

rosemary
der Rosmarin

bottled foods • die Nahrungsmittel in Flaschen

walnut oil
das Walnussöl

grapeseed oil
das Traubenkernöl

cork
der Korken

sunflower oil
das Sonnenblumenöl

almond oil
das Mandelöl

sesame
seed oil
das
Sesamöl

hazelnut oil
das Haselnussöl

olive oil
das Olivenöl

herbs
die Kräuter

flavoured oil
das aroma-
tische Öl

oils
die Öle

sweet spreads • der süße Aufstrich

jar
das Glas

honeycomb
der Wabenhonig

set honey
der feste Honig

lemon curd
der
Zitronenaufstrich

raspberry jam
die Himbeerkonfitüre

marmalade
die
Orangenmarmelade

clear honey
der flüssige Honig

maple syrup
der Ahornsirup

condiments and spreads • die Würzmittel

cider vinegar
der Apfel-
weinessig

balsamic vinegar
der Gewürzessig

bottle
die Flasche

mayonnaise
die Majonäse

ketchup
der Ketschup

English mustard
der englische Senf

French mustard
der französische
Senf

chutney
das Chutney

malt vinegar
der Malzessig

wine vinegar
der Weinessig

vinegar
der Essig

sauce
die Soße

**wholegrain
mustard**
der grobe Senf

sealed jar
das Einmachglas

peanut butter
die Erdnussbutter

chocolate spread
der Schokoladen-
aufstrich

preserved fruit
das eingemachte
Obst

---

vocabulary • Vokabular

vegetable oil das Pflanzenöl	**rapeseed oil** das Rapsöl
corn oil das Maiskeimöl	**groundnut oil** das Erdnussöl
cold-pressed oil das kaltgepresste Öl	

---

dairy produce • die Milchprodukte

cheese • der Käse

rind
die Rinde

semi-hard cheese
der mittelharte Käse

grated cheese
der geriebene Käse

hard cheese
der Hartkäse

semi-soft cheese
der halbfeste Käse

cottage cheese
der Hüttenkäse

cream cheese
der Rahmkäse

blue cheese
der Blau-
schimmelkäse

soft cheese
der Weichkäse

fresh cheese | der Frischkäse

milk • die Milch

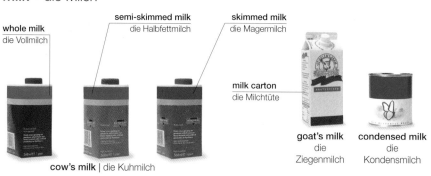

whole milk
die Vollmilch

semi-skimmed milk
die Halbfettmilch

skimmed milk
die Magermilch

milk carton
die Milchtüte

goat's milk
die Ziegenmilch

condensed milk
die Kondensmilch

cow's milk | die Kuhmilch

butter
die Butter

margarine
die Margarine

cream
die Sahne

single cream
die fettarme Sahne

double cream
die süße Sahne

whipped cream
die Schlagsahne

sour cream
die saure Sahne

yoghurt
der Jogurt

ice-cream
das Eis

eggs • die Eier

yolk
das Eigelb

egg white
das Eiweiß

shell
die Eierschale

hen's egg
das Hühnerei

duck egg
das Entenei

egg cup
der Eier-
becher

boiled egg
das gekochte Ei

goose egg
das Gänseei

quail egg
das Wachtelei

vocabulary • Vokabular

pasteurized pasteurisiert	**fat free** fettfrei	**salted** gesalzen	**sheep's milk** die Schafmilch	**lactose** die Laktose	**milkshake** der Milchshake
unpasteurized unpasteurisiert	**powdered milk** das Milchpulver	**unsalted** ungesalzen	**buttermilk** die Buttermilch	**homogenised** homogenisiert	**frozen yoghurt** der gefrorene Jogurt

breads and flours • das Brot und das Mehl

sliced bread
das
Scheibenbrot

white bread
das Weißbrot

rye bread
das Roggenbrot

baguette
das Baguette

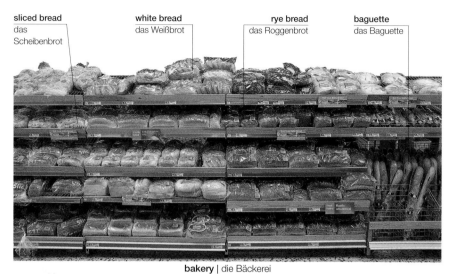

bakery | die Bäckerei

making bread • Brot backen

white flour
das Weizenmehl

brown flour
das Roggenmehl

wholemeal flour
das Vollkornmehl

yeast
die Hefe

sift (v) | sieben

dough
der Teig

mix (v) | verrühren

knead (v) | kneten

bake (v) | backen

crust
die Kruste

white bread
das Weißbrot

loaf
der Laib

brown bread
das Graubrot

slice
die Scheibe

wholemeal bread
das Vollkornbrot

granary bread
das Mehrkornbrot

corn bread
das Maisbrot

soda bread
das Sodabrot

sourdough bread
das Sauerteigbrot

flatbread
das Fladenbrot

bagel
das Hefebrötchen

bap
das Brötchen

roll
der Hefeknoten

fruit bread
das Rosinenbrot

seeded bread
das Körnerbrot

naan breadn
das Naanbrot

pitta bread
das Pitabrot

crispbread
das Knäckebrot

vocabulary • Vokabular

self-raising flour das Mehl mit Backpulver	**rise (v)** aufgehen	**prove (v)** gehen lassen	**breadcrumbs** das Paniermehl	**slicer** der Brotschneider
strong flour das angereicherte Mehl	**plain flour** das Mehl ohne Backpulver	**glaze (v)** glasieren	**french loaf** das Stangen- weißbrot	**baker** der Bäcker

english • deutsch

139

cakes and desserts • Kuchen und Nachspeisen

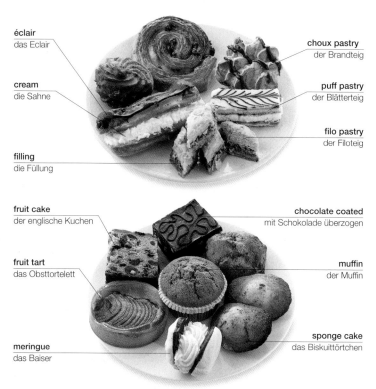

éclair
das Eclair

cream
die Sahne

filling
die Füllung

choux pastry
der Brandteig

puff pastry
der Blätterteig

filo pastry
der Filoteig

fruit cake
der englische Kuchen

fruit tart
das Obsttortelett

meringue
das Baiser

chocolate coated
mit Schokolade überzogen

muffin
der Muffin

sponge cake
das Biskuittörtchen

cakes | das Gebäck

vocabulary • Vokabular

crème patisserie die Konditorcreme	bun das Teilchen	pastry der Teig	rice pudding der Milchreis	**May I have a slice please?** Könnte ich bitte ein Stück haben?
chocolate cake die Schokoladentorte	custard der Vanillepudding	slice das Stück	celebration die Feier	

chocolate chip
das Schokoladen-
stückchen

sponge fingers
die Löffelbiskuits

florentine
der Florentiner

biscuits | die Kekse

trifle
das Trifle

mousse
die Mousse

sorbet
das Sorbet

cream pie
die Sahnetorte

crème caramel
der Karamellpudding

celebration cakes • die festlichen Kuchen

top tier
der obere Kuchenteil

ribbon
das Band

bottom tier
der untere
Kuchenteil

icing
der
Zuckerguss

marzipan
das Marzipan

wedding cake | die Hochzeitstorte

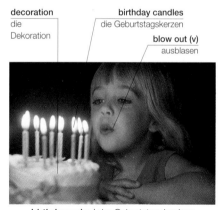

decoration
die
Dekoration

birthday candles
die Geburtstagskerzen

blow out (v)
ausblasen

birthday cake | der Geburtstagskuchen

delicatessen • die Feinkost

spicy sausage
die
pikante Wurst

oil
das Öl

salami
die Salami

pepperoni
die
Peperoniwurst

vinegar
der Essig

flan
die Quiche

uncooked meat
das frische Fleisch

counter
die Theke

pâté
die Pastete

mozzarella
der Mozzarella

brie
der Brie

goat's cheese
der Ziegenkäse

cheddar
der Cheddar

parmesan
der Parmesan

camembert
der Camembert

rind
die Rinde

edam
der Edamer

manchego
der Manchego

pies
die Pasteten

black olive
die schwarze Olive

chili
die Peperoni

sauce
die Soße

bread roll
das Brötchen

cooked meat
der Aufschnitt

green olive
die grüne Olive

sandwich counter
die Sandwichtheke

ham
der Schinken

smoked fish
der Räucherfisch

capers
die Kapern

chorizo
die Chorizo

prosciutto
der Prosciutto

stuffed olive
die gefüllte Olive

vocabulary • Vokabular

in oil	**marinated**	**smoked**
in Öl	mariniert	geräuchert
in brine	**salted**	**cured**
in Lake	gepökelt	getrocknet

Take a number please.
Nehmen Sie bitte eine Nummer.

Can I try some of that please?
Kann ich bitte etwas davon probieren?

May I have six slices of that please?
Ich hätte gerne sechs Scheiben davon, bitte.

drinks • die Getränke

water • das Wasser

hot drinks • die heißen Getränke

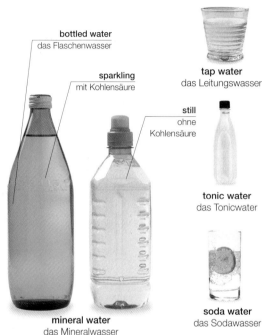

bottled water
das Flaschenwasser

sparkling
mit Kohlensäure

tap water
das Leitungswasser

still
ohne
Kohlensäure

tonic water
das Tonicwater

soda water
das Sodawasser

mineral water
das Mineralwasser

teabag
der Teebeutel

loose leaf tea
die Teeblätter

tea
der Tee

beans
die Bohnen

ground coffee
der gemahlene
Kaffee

coffee
der Kaffee

hot chocolate
die heiße
Schokolade

malted drink
das Malzgetränk

soft drinks • die alkoholfreien Getränke

straw
der Strohhalm

tomato juice
der Tomatensaft

grape juice
der Traubensaft

lemonade
die Limonade

orangeade
die Orangen-
limonade

cola
die Cola

alcoholic drinks • die alkoholischen Getränke

gin
der Gin

can
die Dose

beer
das Bier

cider
der Apfelwein

bitter
das halbdunkle Bier

stout
das Altbier

vodka
der Wodka

whisky
der Whisky

rum
der Rum

brandy
der Weinbrand

port
der Portwein

dry
trocken

sherry
der Sherry

campari
der Campari

rosé
rosé

white
weiß

red
rot

liqueur
der Likör

tequila
der Tequila

champagne
der Champagner

wine
der Wein

eating out
auswärts essen

café • das Café

menu
die Speisekarte

awning
die Markise

umbrella
der Sonnen-
schirm

terrace café
das Terrassencafé

waiter
der Kellner

coffee machine
die Kaffeemaschine

table
der Tisch

pavement café | das Straßencafé

snack bar | die Snackbar

coffee • der Kaffee

white coffee
der Milchkaffee

black coffee
der schwarze Kaffee

cocoa powder
das Kakaopulver

froth
der Schaum

filter coffee
der Filterkaffee

espresso
der Espresso

cappuccino
der Cappuccino

iced coffee
der Eiskaffee

tea • der Tee

herbal tea
der Kräutertee

camomile tea
der Kamillentee

green tea
der grüne Tee

tea with milk
der Tee mit Milch

black tea
der schwarze
Tee

tea with lemon
der Tee mit
Zitrone

mint tea
der Pfefferminztee

iced tea
der Eistee

---

juices and milkshakes • die Säfte und Milchshakes

chocolate milkshake
der Schokoladenmilchshake

strawberry
milkshake
der Erdbeer-
milchshake

orange juice
der
Orangensaft

apple juice
der Apfelsaft

**pineapple
juice**
der Ananassaft

tomato juice
der Tomatensaft

coffee milkshake
der Kaffeemilchshake

---

food • das Essen

brown bread
das Graubrot

scoop
die Kugel

toasted sandwich
das getoastete Sandwich

salad
der Salat

ice cream
das Eis

pastry
das Gebäck

---

bar • die Bar

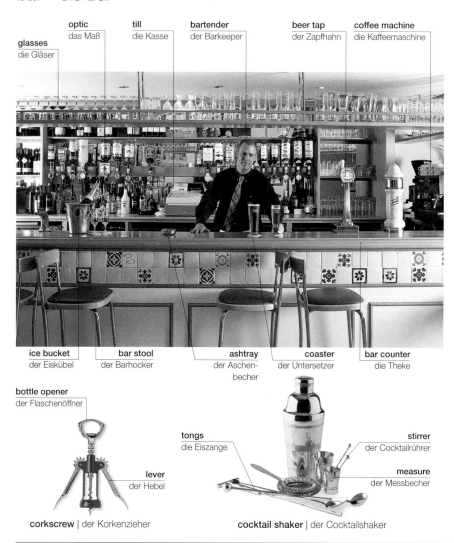

optic
das Maß

till
die Kasse

bartender
der Barkeeper

beer tap
der Zapfhahn

coffee machine
die Kaffeemaschine

glasses
die Gläser

ice bucket
der Eiskübel

bar stool
der Barhocker

ashtray
der Aschen-
becher

coaster
der Untersetzer

bar counter
die Theke

bottle opener
der Flaschenöffner

tongs
die Eiszange

stirrer
der Cocktailrührer

measure
der Messbecher

lever
der Hebel

corkscrew | der Korkenzieher

cocktail shaker | der Cocktailshaker

pitcher
der Krug

ice cube
der Eiswürfel

gin and tonic
der Gin Tonic

scotch and water
der Scotch mit Wasser

rum and coke
der Rum mit Cola

vodka and orange
der Wodka mit
Orangensaft

martini
der Martini

cocktail
der Cocktail

wine
der Wein

beer | das Bier

single
einfach

double
doppelt

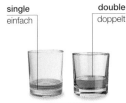

ice and lemon
Eis und Zitrone

a shot
ein Schuss

measure
das Maß

without ice
ohne Eis

with ice
mit Eis

bar snacks • die Knabbereien

cashewnuts
die Cashewnüsse

peanuts
die Erdnüsse

almonds
die Mandeln

crisps | die Kartoffelchips

nuts | die Nüsse

olives | die Oliven

restaurant • das Restaurant

non-smoking section
der Nichtraucherbereich

napkin
die Serviette

commis chef
der Hilfskoch

table setting
das Gedeck

glass
das Glas

chef
der Küchenchef

tray
das Tablett

kitchen
die Küche

waiter
der Kellner

---

vocabulary • Vokabular

lunch menu das Mittagsmenü	**specials** die Spezialitäten	**price** der Preis	**tip** das Trinkgeld	**buffet** das Buffet	**salt** das Salz
evening menu das Abendmenü	**à la carte** à la carte	**receipt** die Quittung	**bar** die Bar	**customer** der Kunde	**pepper** der Pfeffer
wine list die Weinkarte	**sweet trolley** der Dessertwagen	**bill** die Rechnung	**service not included** ohne Bedienung	**service included** Bedienung inbegriffen	**smoking section** der Raucherbereich

---

menu
die Speisekarte

child's meal
die Kinderportion

order (v)
bestellen

pay (v)
bezahlen

courses • die Gänge

apéritif
der Aperitif

starter
die Vorspeise

soup
die Suppe

main course
das Hauptgericht

side order
die Beilage

fork
die Gabel

coffee spoon
der Kaffeelöffel

dessert | der Nachtisch

coffee | der Kaffee

A table for two please.
Ein Tisch für zwei Personen bitte.

Can I see the menu/winelist please?
Könnte ich bitte die Speisekarte/Weinliste sehen?

Is there a fixed price menu?
Gibt es ein Festpreismenü?

Do you have any vegetarian dishes?
Haben Sie vegetarische Gerichte?

Could I have the bill/a receipt please?
Könnte ich die Rechnung/Quittung haben?

Can we pay separately?
Könnten wir getrennt zahlen?

Where are the toilets, please?
Wo sind die Toiletten bitte ?

fast food • der Schnellimbiss

burger
der Hamburger

straw
der Strohhalm

soft drink
das alkoholfreie Getränk

french fries
die Pommes frites

paper napkin
die Papierserviette

tray
das Tablett

burger meal
der Hamburger mit Pommes frites

pizza
die Pizza

price list
die Preisliste

canned drink
das Dosengetränk

home delivery
die Lieferung ins Haus

street stall
der Imbissstand

vocabulary • Vokabular

pizza parlour
die Pizzeria

burger bar
die Imbissstube

menu
die Speisekarte

eat-in
hier essen

take-away
zum Mitnehmen

re-heat (v)
aufwärmen

tomato sauce
der Tomatenketschup

Can I have that to go please?
Ich möchte das mitnehmen.

Do you deliver?
Liefern Sie ins Haus?

bun
das Brötchen

mustard
der Senf

sausage
die Wurst

hamburger
der Hamburger

chicken burger
der Chickenburger

veggie burger
der vegetarische Hamburger

hot dog
das Hot Dog

filling
die Füllung

sandwich
das Sandwich

club sandwich
das Klubsandwich

open sandwich
das belegte Brot

wrap
das gefüllte Fladenbrot

sauce
die Soße

savoury
salzig

sweet
süß

topping
der Pizzabelag

kebab
der Kebab

chicken nuggets
die Hähnchenstückchen

crêpes | die Crêpes

fish and chips
der Bratfisch mit Pommes frites

ribs
die Rippen

fried chicken
das gebratene Hähnchen

pizza
die Pizza

breakfast • das Frühstück

cereal
die Getreideflocken

milk
die Milch

jam
die Konfitüre

dried fruit
das Dörrobst

cheese
der Käse

ham
der Schinken

crispbread
das Knäckebrot

breakfast buffet
das Frühstücksbuffet

marmalade
die Orangenmarmelade

pâté
die Pastete

butter
die Butter

fruit juice
der Obstsaft

coffee
der Kaffee

hot chocolate
die heiße
Schokolade

croissant
das Croissant

tea
der Tee

breakfast table | der Frühstückstisch

drinks | die Getränke

brioche
die Brioche

bread
das Brot

tomato
die Tomate

toast
der Toast

fried egg
das Spiegelei

black pudding
die Blutwurst

sausage
das Würst-
chen

bacon
der Früh-
stücksspeck

English breakfast
das englische Frühstück

yolk
das Eigelb

kippers
die Räucherheringe

french toast
das in Ei gebratene Brot

boiled egg
das gekochte Ei

scrambled eggs
das Rührei

cream
die Sahne

fruit yoghurt
der Früchtejogurt

pancakes
die Pfannkuchen

waffles
die Waffeln

porridge
der Haferbrei

fresh fruit
das Obst

dinner • die Hauptmahlzeit

soup | die Suppe

broth | die Brühe

stew | der Eintopf

curry | das Curry

roast
der Braten

pie
die Pastete

soufflé
das Soufflé

kebab
das Schaschlik

meatballs
die Fleischklöße

omelette
das Omelett

noodles
die Nudeln

stir fry
das Pfannengericht

pasta | die Nudeln

rice
der Reis

mixed salad
der gemischte Salat

green salad
der grüne Salat

dressing
die Salatsoße

techniques • die Zubereitung

stuffed | gefüllt

in sauce | in Soße

grilled | gegrillt

marinated | mariniert

poached | pochiert

mashed | püriert

baked | gebacken

pan fried | kurzgebraten

fried
gebraten

pickled
eingelegt

smoked
geräuchert

deep fried
frittiert

in syrup
in Saft

dressed
angemacht

steamed
gedämpft

cured
getrocknet

study
das Lernen

school • die Schule

teacher
die Lehrerin

blackboard
die Tafel

schoolboy
der Schuljunge

pupil
der Schüler

desk
das Pult

chalk
die Kreide

classroom | das Klassenzimmer

school uniform
die Schuluniform

school bag
die Schultasche

schoolgirl
das Schulmädchen

---

vocabulary • Vokabular		
geography die Erdkunde	art die Kunst	physics die Physik
literature die Literatur	music die Musik	chemistry die Chemie
languages die Sprachen	maths die Mathematik	biology die Biologie
history die Geschichte	science die Naturwissenschaft	physical education der Sport

activities • die Aktivitäten

read (v) | lesen

write (v) | schreiben

spell (v)
buchstabieren

draw (v)
zeichnen

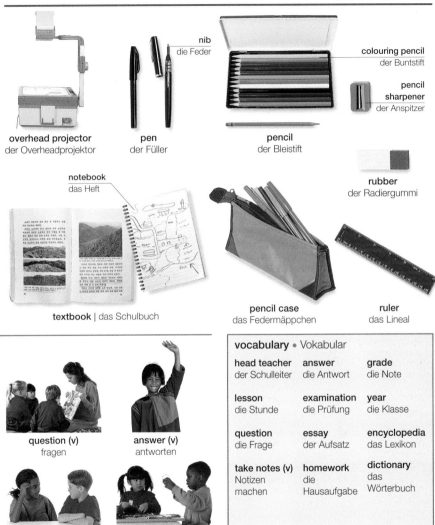

nib
die Feder

colouring pencil
der Buntstift

pencil
sharpener
der Anspitzer

overhead projector
der Overheadprojektor

pen
der Füller

pencil
der Bleistift

rubber
der Radiergummi

notebook
das Heft

textbook | das Schulbuch

pencil case
das Federmäppchen

ruler
das Lineal

vocabulary • Vokabular

head teacher der Schulleiter	**answer** die Antwort	**grade** die Note
lesson die Stunde	**examination** die Prüfung	**year** die Klasse
question die Frage	**essay** der Aufsatz	**encyclopedia** das Lexikon
take notes (v) Notizen machen	**homework** die Hausaufgabe	**dictionary** das Wörterbuch

question (v)
fragen

answer (v)
antworten

discuss (v)
diskutieren

learn (v)
lernen

maths • die Mathematik

shapes • die Formen

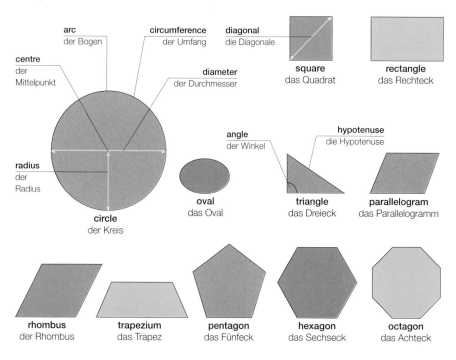

arc
der Bogen

circumference
der Umfang

diagonal
die Diagonale

centre
der Mittelpunkt

diameter
der Durchmesser

square
das Quadrat

rectangle
das Rechteck

radius
der Radius

angle
der Winkel

hypotenuse
die Hypotenuse

circle
der Kreis

oval
das Oval

triangle
das Dreieck

parallelogram
das Parallelogramm

rhombus
der Rhombus

trapezium
das Trapez

pentagon
das Fünfeck

hexagon
das Sechseck

octagon
das Achteck

solids • die Körper

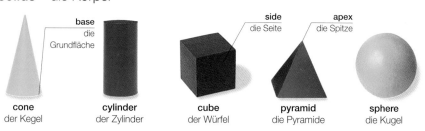

base
die Grundfläche

side
die Seite

apex
die Spitze

cone
der Kegel

cylinder
der Zylinder

cube
der Würfel

pyramid
die Pyramide

sphere
die Kugel

lines • die Linien

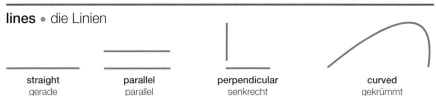

straight	**parallel**	**perpendicular**	**curved**
gerade	parallel	senkrecht	gekrümmt

measurements • die Maße

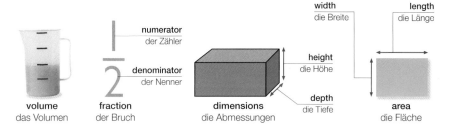

numerator
der Zähler

denominator
der Nenner

width
die Breite

length
die Länge

height
die Höhe

depth
die Tiefe

volume	**fraction**	**dimensions**	**area**
das Volumen	der Bruch	die Abmessungen	die Fläche

equipment • die Ausrüstung

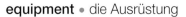

set square	**protractor**	**ruler**	**compass**	**calculator**
das Zeichendreieck	der Winkelmesser	das Lineal	der Zirkel	der Taschenrechner

---

vocabulary • Vokabular

geometry	**plus**	**times**	**equals**	**add (v)**	**multiply (v)**	**equation**
die Geometrie	plus	mal	gleich	addieren	multiplizieren	die Gleichung
arithmetic	**minus**	**divided by**	**count (v)**	**subtract (v)**	**divide (v)**	**percentage**
die Arithmetik	minus	geteilt durch	zählen	subtrahieren	dividieren	der Prozentsatz

---

science • die Wissenschaft

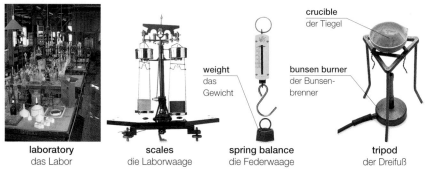

crucible
der Tiegel

weight
das
Gewicht

bunsen burner
der Bunsen-
brenner

laboratory
das Labor

scales
die Laborwaage

spring balance
die Federwaage

tripod
der Dreifuß

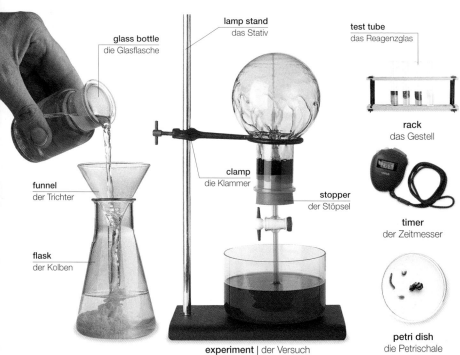

glass bottle
die Glasflasche

lamp stand
das Stativ

test tube
das Reagenzglas

rack
das Gestell

funnel
der Trichter

clamp
die Klammer

stopper
der Stöpsel

timer
der Zeitmesser

flask
der Kolben

petri dish
die Petrischale

experiment | der Versuch

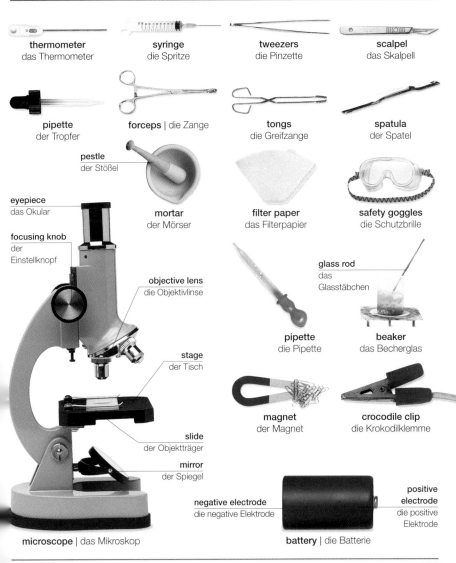

thermometer
das Thermometer

syringe
die Spritze

tweezers
die Pinzette

scalpel
das Skalpell

pipette
der Tropfer

forceps | die Zange

tongs
die Greifzange

spatula
der Spatel

pestle
der Stößel

mortar
der Mörser

filter paper
das Filterpapier

safety goggles
die Schutzbrille

eyepiece
das Okular

focusing knob
der Einstellknopf

objective lens
die Objektivlinse

stage
der Tisch

slide
der Objektträger

mirror
der Spiegel

microscope | das Mikroskop

glass rod
das Glasstäbchen

pipette
die Pipette

beaker
das Becherglas

magnet
der Magnet

crocodile clip
die Krokodilklemme

negative electrode
die negative Elektrode

positive electrode
die positive Elektrode

battery | die Batterie

college • die Hochschule

admissions
das Sekretariat

sports field
der Sportplatz

refectory
die Mensa

hall of residence
das Studentenheim

health centre
die Gesundheitsfürsorge

catalogue
der Katalog

campus | der Campus

librarian
die Bibliothekarin

loans desk
die Ausleihe

book-shelf
das Bücherregal

periodical
das Periodikum

journal
die Zeitschrift

library | die Bibliothek

---

vocabulary • Vokabular

library card der Leserausweis	**enquiries** die Auskunft	**renew (v)** verlängern
reading room der Lesesaal	**borrow (v)** ausleihen	**book** das Buch
reading list die Literaturliste	**reserve (v)** vorbestellen	**title** der Titel
return date das Rückgabedatum	**loan** die Ausleihe	**aisle** der Gang

---

english • deutsch

undergraduate
der Student

lecturer
der Dozent

graduate
die Graduierte

robe
die Robe

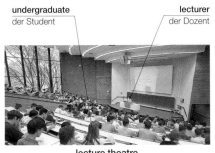

lecture theatre
der Hörsaal

graduation ceremony
die Graduierungsfeier

schools • die Fachhochschulen

model
das Modell

art college
die Kunsthochschule

music school
die Musikhochschule

dance academy
die Tanzakademie

---

vocabulary • Vokabular

scholarship das Stipendium	**research** die Forschung	**dissertation** die Examensarbeit	**medicine** die Medizin	**history of art** die Kunstgeschichte
diploma das Diplom	**masters** der Magister	**department** der Fachbereich	**zoology** die Zoologie	**politics** die Politologie
postgraduate postgradual	**doctorate** die Promotion	**engineering** der Maschinenbau	**physics** die Physik	**literature** die Literaturwissen-schaft
degree der akademische Grad	**thesis** die Dissertation	**law** die Rechtswissenschaft	**la filosofía** die Philosophie	**economics** die Wirtschaftswissenschaft

---

work
die Arbeit

office 1 • das Büro 1

office • das Büro

monitor
der Bildschirm

desktop organizer
der Stifthalter

file
der Ordner

in-tray
die Ablage für Eingänge

out-tray
die Ablage
für Ausgänge

computer
der Computer

keyboard
die Tastatur

telephone
das Telefon

notebook
das Notizbuch

label
das Schild

desk
der Schreibtisch

wastebasket
der Papierkorb

swivel chair
der Drehstuhl

drawer unit
das Schreibtischschränkchen

drawer
die Schublade

filing cabinet
der Aktenschrank

office equipment • die Büroausstattung

paper tray
der Papierbehälter

paper guide
die Papierführung

fax
das Fax

printer | der Drucker

fax machine | das Faxgerät

vocabulary • Vokabular

print (v)
drucken

enlarge (v)
vergrößern

copy (v)
kopieren

reduce (v)
verkleinern

I need to make some copies.
Ich möchte fotokopieren.

office supplies • der Bürobedarf

compliments slip
der Empfehlungszettel

letterhead
der Geschäftsbogen

envelope
der Briefumschlag

box file
der Aktenordner

tab
der Kartenreiter

divider
der Teiler

clipboard
das Klemmbrett

note pad
der Notizblock

hanging file
der Hängeordner

concertina file
der Fächerordner

lever arch file
der Ringordner

staples
die Klammern

sticky tape
der Tesafilm

ink pad
das Stempelkissen

personal organizer
der Terminkalender

stapler
der Hefter

tape dispenser
der Tesafilmhalter

hole punch
der Locher

rubber stamp
der Stempel

drawing pin
die Reiß-
zwecke

rubber band
das Gummiband

bulldog clip
die
Papierklammer

paper clip
die Büroklammer

   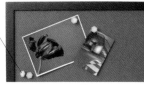

notice board | die Pinnwand

office 2 • das Büro 2

flipchart
das Flipchart

easel
das Gestell

manager
der Manager

proposal
das Angebot

minutes
das Protokoll

report
der Bericht

executive
der leitende
Angestellte

meeting | die Sitzung

vocabulary • Vokabular

meeting room
der Sitzungsraum

attend (v)
teilnehmen

agenda
die Tagesordnung

chair (v)
den Vorsitz führen

What time is the meeting?
Um wieviel Uhr ist die Sitzung?

What are your office hours?
Welche sind Ihre Geschäftszeiten?

projector
der Projektor

speaker
der Sprecher

presentation | die Präsentation

business • das Geschäft

laptop
der Laptop

notes
die Notizen

businessman
der Geschäftsmann

businesswoman
die Geschäftsfrau

business lunch
das Arbeitssessen

business trip
die Geschäftsreise

client
der Kunde

appointment
der Termin

managing director
der Geschäftsführer

palmtop
der Palmtop

diary | der Terminkalender

business deal
das Geschäftsabkommen

---

vocabulary • Vokabular

company die Firma	**staff** das Personal	**accounts department** die Buchhaltung	**legal department** die Rechtsabteilung
head office die Zentrale	**payroll** die Lohnliste	**marketing department** die Marketingabteilung	**personnel department** die Personalabteilung
branch die Zweigstelle	**salary** das Gehalt	**sales department** die Verkaufsabteilung	**customer service department** die Kundendienstabteilung

---

computer • der Computer

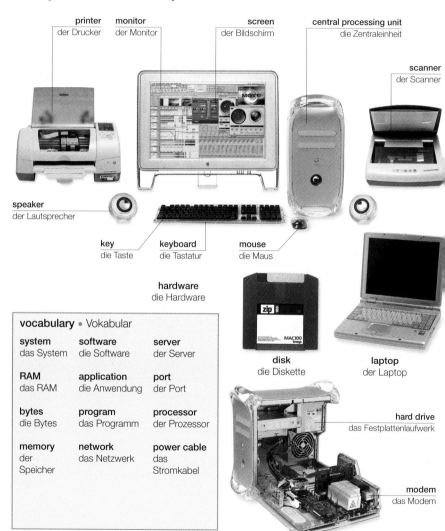

printer
der Drucker

monitor
der Monitor

screen
der Bildschirm

central processing unit
die Zentraleinheit

scanner
der Scanner

speaker
der Lautsprecher

key
die Taste

keyboard
die Tastatur

mouse
die Maus

hardware
die Hardware

disk
die Diskette

laptop
der Laptop

hard drive
das Festplattenlaufwerk

modem
das Modem

vocabulary • Vokabular

system das System	**software** die Software	**server** der Server
RAM das RAM	**application** die Anwendung	**port** der Port
bytes die Bytes	**program** das Programm	**processor** der Prozessor
memory der Speicher	**network** das Netzwerk	**power cable** das Stromkabel

desktop • das Desktop

menubar
die Menüleiste

font
die Schriftart

icon
das Symbol

toolbar
die Werkzeugleiste

scrollbar
der Scrollbalken

window
das Fenster

wallpaper
der Bildschirm-
hintergrund

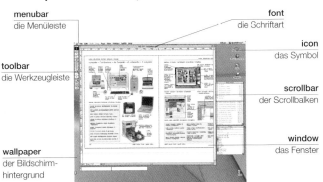

file
die Datei

folder
der Ordner

trash
der Papierkorb

internet • das Internet

browser
der Browser

inbox
der
Posteingang

website
die Website

browse (v)
browsen

email • die E-Mail

email address
die E-Mail-Adresse

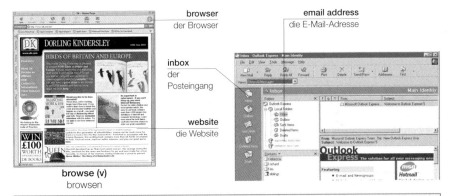

vocabulary • Vokabular

connect (v) verbinden	**service provider** der Serviceprovider	**log on (v)** einloggen	**download (v)** herunterladen	**send (v)** senden	**save (v)** sichern
instal (v) installieren	**email account** das E-Mail-Konto	**on-line** online	**attachment** der Anhang	**receive (v)** erhalten	**search (v)** suchen

---

media • die Medien

television studio • das Fernsehstudio

presenter	light		set
der Moderator	die Beleuchtung		die Studioeinrichtung

camera	camera crane	cameraman
die Kamera	der Kamerakran	der Kameramann

vocabulary • Vokabular

channel	news	press	soap	broadcast (v)	live
der Kanal	die Nachrichten	die Presse	die Seifenoper	senden	live

programming	documentary	television series	game show	prerecorded	cartoon
die Programmgestaltung	der Dokumentarfilm	die Fernsehserie	die Spielshow	vorher aufgezeichnet	der Zeichentrickfilm

interviewer
der Interviewer

reporter
die Reporterin

autocue
der Teleprompter

newsreader
die
Nachrichtensprecherin

actors
die Schauspieler

sound boom
der Mikrofongalgen

clapper board
die Klappe

film set
das Set

radio • das Radio

mixing desk
das Mischpult

microphone
das Mikrofon

sound technician
der Tonmeister

recording studio | das Tonstudio

vocabulary • Vokabular

long wave die Langwelle	**short wave** die Kurzwelle
DJ der DJ	**medium wave** die Mittelwelle
broadcast die Sendung	**frequency** die Frequenz
wavelength die Wellenlänge	**volume** die Lautstärke
radio station die Rundfunkstation	**tune (v)** einstellen

law • das Recht

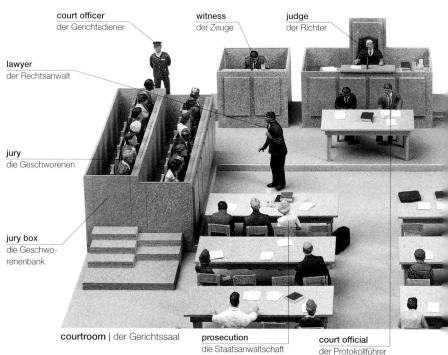

court officer
der Gerichtsdiener

witness
der Zeuge

judge
der Richter

lawyer
der Rechtsanwalt

jury
die Geschworenen

jury box
die Geschwo-
renenbank

courtroom | der Gerichtssaal

prosecution
die Staatsanwaltschaft

court official
der Protokollführer

vocabulary • Vokabular

lawyer's office das Anwaltsbüro	**summons** die Vorladung	**writ** die Verfügung	**charge** die Anklage
legal advice die Rechtsberatung	**statement** die Aussage	**court date** der Gerichtstermin	**accused** der Angeklagte
client der Klient	**warrant** der Haftbefehl	**plea** das Plädoyer	**court case** das Gerichts- verfahren

stenographer
der Gerichtsstenograf

suspect
der Verdächtige

defendant
der Angeklagte

defence
die Verteidigung

photofit
das Phantombild

criminal
der
Straftäter

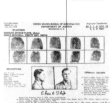

criminal record
das Strafregister

prison guard
der Gefängniswärter

cell
die Gefängniszelle

prison
das Gefängnis

---

vocabulary • Vokabular

evidence das Beweismittel	**guilty** schuldig	**bail** die Kaution	**I want to see a lawyer.** Ich möchte mit einem Anwalt sprechen.
verdict das Urteil	**acquitted** freigesprochen	**appeal** die Berufung	**Where is the courthouse?** Wo ist das Gericht?
innocent unschuldig	**sentence** das Strafmaß	**parole** die Haftentlassung auf Bewährung	**Can I post bail?** Kann ich die Kaution leisten?

---

farm 1 • der Bauernhof 1

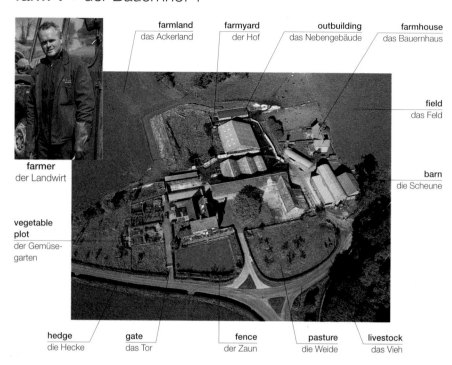

farmer
der Landwirt

farmland
das Ackerland

farmyard
der Hof

outbuilding
das Nebengebäude

farmhouse
das Bauernhaus

field
das Feld

barn
die Scheune

vegetable plot
der Gemüse-garten

hedge
die Hecke

gate
das Tor

fence
der Zaun

pasture
die Weide

livestock
das Vieh

cultivator
der Kultivator

tractor | der Traktor

combine harvester | der Mähdrescher

types of farm • die landwirtschaftlichen Betriebe

crop
die Feldfrucht

flock
die Herde

arable farm
der Ackerbaubetrieb

dairy farm
der Betrieb für
Milchproduktion

sheep farm
die Schaffarm

poultry farm
die Hühnerfarm

vine
der Weinstock

pig farm
die Schweinefarm

fish farm
die Fischzucht

fruit farm
der Obstanbau

vineyard
der Weinberg

actions • die Tätigkeiten

furrow
die
Furche

plough (v)
pflügen

sow (v)
säen

milk (v)
melken

feed (v)
füttern

water (v) | bewässern

harvest (v) | ernten

vocabulary • Vokabular

herbicide das Herbizid	**herd** die Herde	**trough** der Trog
pesticide das Pestizid	**silo** das Silo	**plant (v)** pflanzen

farm 2 • der Bauernhof 2

crops • die Feldfrüchte

wheat
der Weizen

corn
der Mais

barley
die Gerste

rapeseed
der Raps

sunflower
die Sonnenblume

bale
der Ballen

hay
das Heu

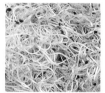

alfalfa
die Luzerne

tobacco
der Tabak

rice
der Reis

tea
der Tee

coffee
der Kaffee

flax
der Flachs

sugarcane
das Zuckerrohr

cotton
die Baumwolle

scarecrow
die Vogelscheuche

livestock • das Vieh

piglet
das Ferkel

calf
das Kalb

pig
das Schwein

cow
die Kuh

bull
der Stier

sheep
das Schaf

kid
das Zicklein

foal
das Fohlen

lamb
das Lamm

goat
die Ziege

horse
das Pferd

donkey
der Esel

chick
das Küken

duckling
das Entenküken

chicken
das Huhn

cockerel
der Hahn

turkey
der Truthahn

duck
die Ente

stable
der Stall

pen
der Pferch

chicken coop
der Hühnerstall

pigsty
der Schweinestall

construction • der Bau

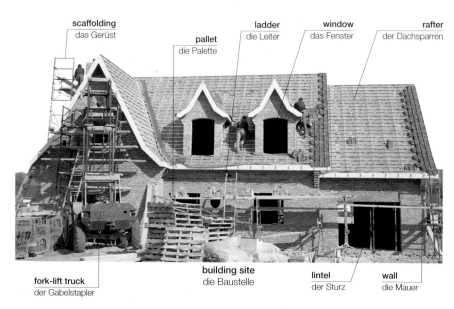

scaffolding
das Gerüst

pallet
die Palette

ladder
die Leiter

window
das Fenster

rafter
der Dachsparren

fork-lift truck
der Gabelstapler

building site
die Baustelle

lintel
der Sturz

wall
die Mauer

girder
der Träger

hard hat
der Schutzhelm

toolbelt
der Werkzeuggürtel

beam
der Balken

cement
der Zement

build (v)
bauen

builder
der Bauarbeiter

cement mixer
die Betonmischmaschine

materials • das Material

brick
der Ziegelstein

timber
das Bauholz

roof tile
der Dachziegel

concrete block
der Betonblock

tools • die Werkzeuge

mortar
der Mörtel

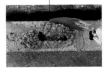
trowel
die Kelle

spirit level
die Wasserwaage

handle
der Stiel

sledgehammer
der
Vorschlaghammer

pickaxe
die
Spitzhacke

shovel
die Schaufel

machinery • die Maschinen

roller
die Walze

dumper truck
der Kipper

support
die Stütze

hook
der Haken

crane | der Kran

roadworks • die Straßenarbeiten

tarmac
der Asphalt

cone
der
Leitkegel

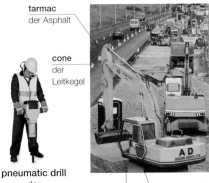

pneumatic drill
der
Pressluftbohrer

resurfacing
der Neubelag

**mechanical
digger**
der Bagger

occupations 1 • die Berufe 1

carpenter
der Schreiner

electrician
der Elektriker

plumber
der Klempner

builder
der Maurer

gardener
der Gärtner

vacuum
cleaner
der Staub-
sauger

cleaner
der Gebäudereiniger

mechanic
der Mechaniker

butcher
der Metzger

scissors
die
Schere

fishmonger
die Fischhändlerin

greengrocer
der Gemüsehändler

florist
die Floristin

hairdresser
der Friseur

barber
der Friseur

jeweller
der Juwelier

shop assistant
die Verkäuferin

estate agent
die Immobilienmaklerin

optician
der Optiker

mask
der
Mundschutz

dentist
die Zahnärztin

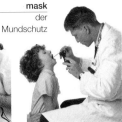

doctor
der Arzt

pharmacist
die Apothekerin

nurse
die Krankenschwester

vet
die Tierärztin

farmer
der Landwirt

fisherman
der Fischer

machine-
gun
das
Maschinen-
gewehr

identity badge
das Abzeichen

security guard
der Wächter

uniform
die Uniform

sailor
der Seemann

soldier
der Soldal

policeman
der Polizist

fireman
der Feuerwehrmann

occupations 2 • die Berufe 2

lawyer
der Rechtsanwalt

accountant
der Wirtschaftsprüfer

model
das Modell

architect
der Architekt

scientist
der Wissenschaftler

teacher
die Lehrerin

librarian
der Bibliothekar

receptionist
die Empfangsdame

mailbag
die Posttasche

postman
der Briefträger

bus driver
der Busfahrer

lorry driver
der Lastwagenfahrer

taxi driver
der Taxifahrer

pilot
der Pilot

air stewardess
die Flugbegleiterin

travel agent
die Reisebürokauffrau

chef's hat
die
Kochmütze

chef
der Koch

tutu
das Ballett-
röckchen

musician
der Musiker

dancer
die Tänzerin

actor
der Schauspieler

singer
die Sängerin

waitress
die Kellnerin

barman
der Barkeeper

sportsman
der Sportler

sculptor
der Bildhauer

painter
die Malerin

photographer
der Fotograf

newsreader
der Nachrichtensprecher

notes
die Notizen

journalist
der Journalist

editor
die Redakteurin

designer
die Designerin

seamstress
die Damenschneiderin

tailor
der Schneider

transport
der Verkehr

roads • die Straßen

motorway
die Autobahn

toll booth
die Mautstelle

road markings
die Straßen-
markierungen

slip road
die Zufahrtsstraße

one-way
Einbahn-

divider
die Verkehrsinsel

slip road
der Zubringer

traffic light
die Verkehrs-
ampel

lorry
der Lastwagen

central reservation
der Mittelstreifen

inside lane
die rechte Spur

middle lane
die mittlere Spur

outside lane
die Überholspur

exit ramp
die Ausfahrt

traffic
der Verkehr

flyover
die Überführung

hard shoulder
der Seitenstreifen

underpass
die Unterführung

pedestrian crossing
der Fußgängerüberweg

emergency phone
die Notrufsäule

disabled parking
der Behindertenparkplatz

traffic jam
der Verkehrsstau

map
die Landkarte

traffic policeman
der Verkehrspolizist

parking meter
die Parkuhr

vocabulary • Vokabular

roundabout der Kreisverkehr	**reverse (v)** rückwärts fahren	**roadworks** die Straßenbaustelle
diversion die Umleitung	**drive (v)** fahren	**dual carriageway** die Schnellstraße
park (v) parken	**tow away (v)** abschleppen	**Is this the road to...?** Ist dies die Straße nach…?
overtake (v) überholen	**crash barrier** die Leitplanke	**Where can I park?** Wo kann ich parken?

road signs • die Verkehrsschilder

no entry
keine Einfahrt

speed limit
die Geschwindigkeitsbegrenzung

hazard
Gefahr

no stopping
Halten verboten

no right turn
rechts abbiegen verboten

bus • der Bus

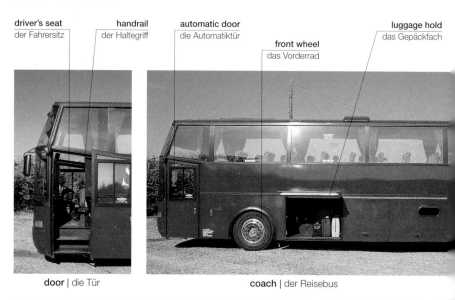

driver's seat
der Fahrersitz

handrail
der Haltegriff

automatic door
die Automatiktür

front wheel
das Vorderrad

luggage hold
das Gepäckfach

door | die Tür

coach | der Reisebus

types of buses • die Bustypen

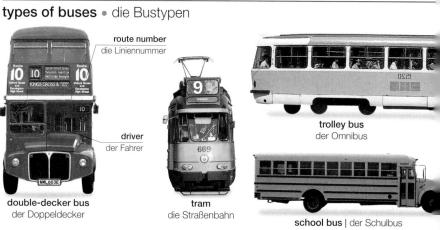

route number
die Liniennummer

driver
der Fahrer

double-decker bus
der Doppeldecker

tram
die Straßenbahn

trolley bus
der Omnibus

school bus | der Schulbus

rear wheel
das Hinterrad

window
das Fenster

stop button
der Halteknopf

bus ticket
der Fahrschein

bell
die Klingel

bus station
der Busbahnhof

bus stop
die Bushaltestelle

vocabulary • Vokabular

fare der Fahrpreis	**wheelchair access** der Rollstuhlzugang
timetable der Fahrplan	**bus shelter** das Wartehäuschen
Do you stop at…? Halten Sie am…?	**Which bus goes to…?** Welcher Bus fährt nach…?

minibus
der Kleinbus

This is an official London Sightseeing Bus.

LONDON PRIDE

tourist bus | der Touristenbus

shuttle bus | der Zubringer

car 1 • das Auto 1

exterior • das Äußere

wing mirror
der Seitenspiegel

windscreen
die Windschutz-scheibe

rearview mirror
der Rückspiegel

windscreen wiper
der Scheibenwischer

door
die Autotür

boot
der Kofferraum

bonnet
die Motorhaube

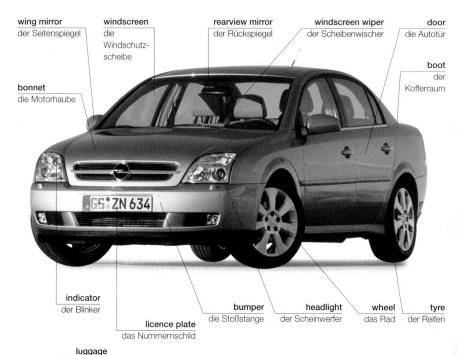

indicator
der Blinker

bumper
die Stoßstange

headlight
der Scheinwerfer

wheel
das Rad

tyre
der Reifen

licence plate
das Nummernschild

luggage
das Gepäck

roofrack
der Dachgepäckträger

tailgate
die Hecktür

seat belt
der Sicherheitsgurt

child seat
der Kindersitz

types • die Wagentypen

small car
der Kleinwagen

hatchback
die Fließhecklimousine

saloon
die Limousine

estate
der Kombiwagen

convertible
das Kabriolett

sports car
das Sportkabriolett

people carrier
die Großraumlimousine

four-wheel drive
der Geländewagen

vintage
der Oldtimer

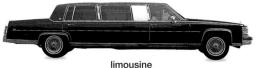

limousine
die verlängerte Limousine

petrol station • die Tankstelle

petrol pump
die Zapfsäule

price
der Benzinpreis

forecourt
der Tankstellenplatz

air supply
das Druckluftgerät

vocabulary • Vokabular

oil	leaded	car wash
das Öl	verbleit	die Autowaschanlage

unleaded	diesel	antifreeze
bleifrei	der Diesel	das Frostschutzmittel

petrol	garage	windscreen wiper
das Benzin	die Werkstatt	die Scheiben-waschanlage

Fill the tank, please.
Voll tanken, bitte.

car 2 • das Auto 2

interior • die Innenausstattung

			door lock	handle
back seat	armrest	headrest	die Türverriegelung	der Türgriff
der Rücksitz	die Armstütze	die Kopfstütze		

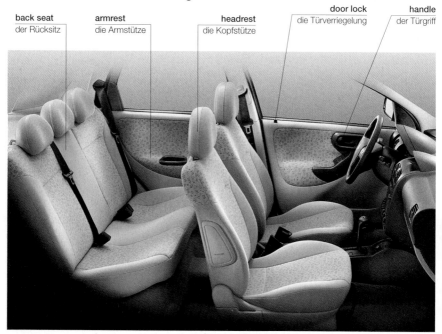

vocabulary • Vokabular

two-door	**four-door**	**automatic**	**brake**	**accelerator**
zweitürig	viertürig	mit Automatik	die Bremse	das Gaspedal
three-door	**manual**	**ignition**	**clutch**	**air conditioning**
dreitürig	mit Handschaltung	die Zündung	die Kupplung	die Klimaanlage

Can you tell me the way to...?
Wie komme ich nach...?

Where is the car park?
Wo ist hier ein Parkplatz?

Can I park here?
Kann ich hier parken?

controls • die Armaturen

steering wheel das Lenkrad	**horn** die Hupe	**dashboard** das Armaturenbrett	**hazard lights** die Warnlichter	**satellite navigation** das GPS-System

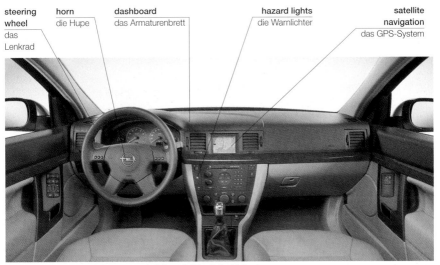

left-hand drive | die Linkssteuerung

temperature gauge
die Temperaturanzeige

rev counter
der Drehzahlmesser

speedometer
der Tachometer

fuel gauge
die Kraftstoffanzeige

car stereo
die Autostereoanlage

lights switch
der Lichtschalter

heater controls
der Heizungsregler

odometer
der Kilometerzähler

air bag
der Airbag

gearstick
der Schalthebel

right-hand drive | die Rechtssteuerung

car 3 • das Auto 3

mechanics • die Mechanik

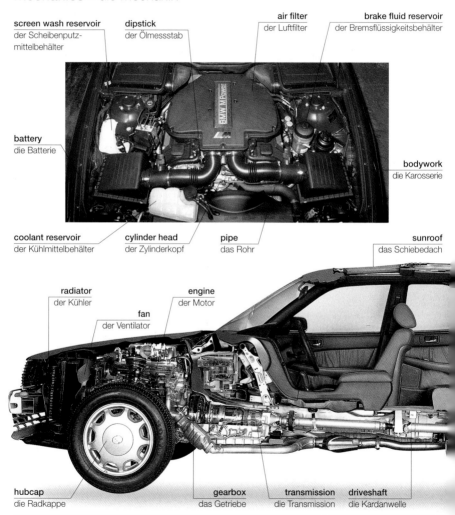

screen wash reservoir
der Scheibenputz-
mittelbehälter

dipstick
der Ölmessstab

air filter
der Luftfilter

brake fluid reservoir
der Bremsflüssigkeitsbehälter

battery
die Batterie

bodywork
die Karosserie

coolant reservoir
der Kühlmittelbehälter

cylinder head
der Zylinderkopf

pipe
das Rohr

sunroof
das Schiebedach

radiator
der Kühler

engine
der Motor

fan
der Ventilator

hubcap
die Radkappe

gearbox
das Getriebe

transmission
die Transmission

driveshaft
die Kardanwelle

puncture • die Reifenpanne

spare tyre
das Ersatzrad

wrench
der Radschlüssel

wheel nuts
die Radmuttern

jack
der Wagenheber

change a wheel (v)
ein Rad wechseln

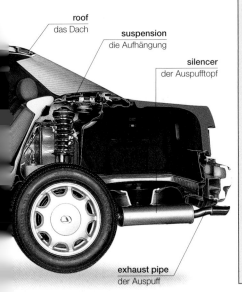

roof
das Dach

suspension
die Aufhängung

silencer
der Auspufftopf

exhaust pipe
der Auspuff

---

vocabulary • Vokabular

car accident der Autounfall	**cam belt** der Nockenriemen
breakdown die Panne	**turbocharger** der Turbolader
insurance die Versicherung	**idle running** der Leerlauf
tow truck der Abschleppwagen	**timing** die Einstellung
mechanic der Mechaniker	**chassis** das Chassis
tyre pressure der Reifendruck	**handbrake** die Handbremse
fuse box der Sicherungskasten	**alternator** die Lichtmaschine
spark plug die Zündkerze	**I've broken down.** Ich habe eine Panne.
fan belt der Keilriemen	**My car won't start.** Mein Auto springt nicht an.
petrol tank der Benzintank	

---

motorbike • das Motorrad

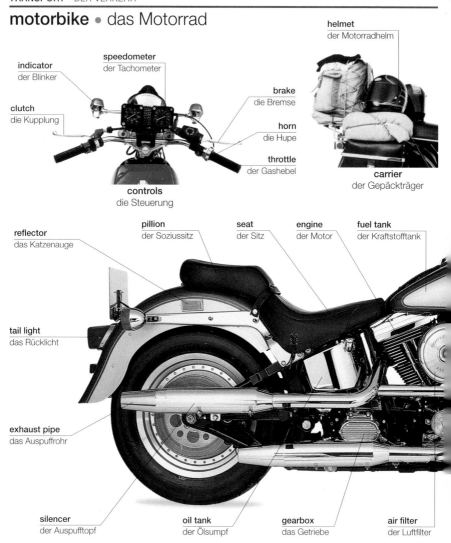

helmet
der Motorradhelm

indicator
der Blinker

speedometer
der Tachometer

brake
die Bremse

clutch
die Kupplung

horn
die Hupe

throttle
der Gashebel

carrier
der Gepäckträger

controls
die Steuerung

reflector
das Katzenauge

pillion
der Soziussitz

seat
der Sitz

engine
der Motor

fuel tank
der Kraftstofftank

tail light
das Rücklicht

exhaust pipe
das Auspuffrohr

silencer
der Auspufftopf

oil tank
der Ölsumpf

gearbox
das Getriebe

air filter
der Luftfilter

leathers
der Lederanzug

visor
das Visier

reflector strap
der Leuchtstreifen

knee pad
der Knieschützer

clothing | die Kleidung

headlight
der Scheinwerfer

suspension
die Aufhängung

mudguard
das Schutzblech

brake pedal
das Bremspedal

axle
die Achse

tyre
der Reifen

types • die Typen

racing bike | die Rennmaschine

windshield
die Windschutzscheibe

tourer | der Tourer

dirt bike | das Geländemotorrad

stand
der Motor-
radständer

scooter | der Roller

bicycle • das Fahrrad

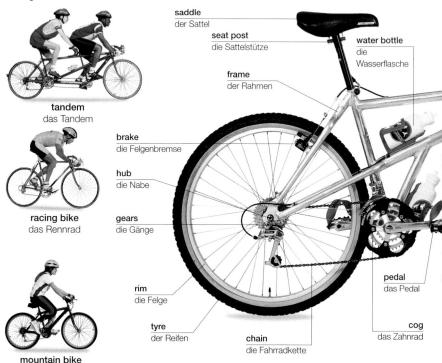

saddle
der Sattel

seat post
die Sattelstütze

water bottle
die Wasserflasche

frame
der Rahmen

brake
die Felgenbremse

hub
die Nabe

gears
die Gänge

rim
die Felge

tyre
der Reifen

chain
die Fahrradkette

pedal
das Pedal

cog
das Zahnrad

tandem
das Tandem

racing bike
das Rennrad

mountain bike
das Mountainbike

helmet
der Fahrradhelm

touring bike
das Tourenfahrrad

road bike
das Straßenrad

cycle lane | der Fahrradweg

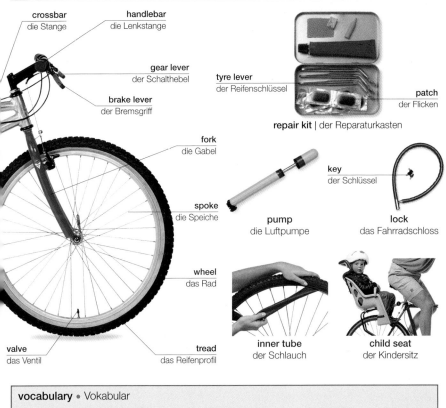

crossbar
die Stange

handlebar
die Lenkstange

gear lever
der Schalthebel

brake lever
der Bremsgriff

tyre lever
der Reifenschlüssel

patch
der Flicken

repair kit | der Reparaturkasten

fork
die Gabel

key
der Schlüssel

spoke
die Speiche

pump
die Luftpumpe

lock
das Fahrradschloss

wheel
das Rad

valve
das Ventil

tread
das Reifenprofil

inner tube
der Schlauch

child seat
der Kindersitz

---

vocabulary • Vokabular

rear light das Rücklicht	**kickstand** der Fahrradständer	**brake block** die Bremsbacke	**basket** der Korb	**toe clip** der Rennbügel	**brake (v)** bremsen
reflector der Rückstrahler	**stabilisers** die Stützräder	**cable** das Kabel	**dynamo** der Dynamo	**toe strap** der Riemen	**cycle (v)** Rad fahren
lamp die Fahrradlampe	**carrier** der Gepäckträger	**sprocket** das Kettenzahnrad	**puncture** die Reifenpanne	**pedal (v)** treten	**change gear (v)** schalten

---

english • deutsch

train • der Zug

carriage
der Wagen

platform
der
Bahnsteig

trolley
der
Kofferkuli

platform number
die Gleisnummer

commuter
der Pendler

train station | der Bahnhof

types of train • die Zugtypen

driver's cab
der Führerstand

engine
die Lokomotive

rail
die Schiene

steam train
die Dampflokomotive

diesel train | die Diesellokomotive

electric train
die Elektrolokomotive

high-speed train
der Hochgeschwindigkeitszug

monorail
die Einschienenbahn

underground train
die U-Bahn

tram
die Straßenbahn

freight train
der Güterzug

english • deutsch

luggage rack
die Gepäckablage

window
das Zugfenster

track
das Gleis

door
die Tür

seat
der Sitz

ticket barrier
die Eingangssperre

compartment
das Abteil

public address system
der Lautsprecher

timetable
der Fahrplan

ticket
die Fahrkarte

dining car | der Speisewagen

concourse | die Bahnhofshalle

sleeping compartment
das Schlafabteil

vocabulary • Vokabular

rail network das Bahnnetz	**underground map** der U-Bahnplan	**ticket office** der Fahrkartenschalter	**emergency lever** die Notbremse
inter-city train der Intercity	**delay** die Verspätung	**ticket inspector** der Schaffner	**signal** das Signal
rush hour die Stoßzeit	**fare** der Fahrpreis	**change (v)** umsteigen	**live rail** die Strom führende Schiene

aircraft • das Flugzeug

airliner • das Verkehrsflugzeug

nose
der Bug

cockpit
das Cockpit

engine
das Triebwerk

fuselage
der Rumpf

wing
die Tragfläche

tail
das Heck

rudder
das
Seitenruder

exit
der Ausgang

aileron
das
Querruder

fin
das Seitenleitwerk

nosewheel
das Bugfahrwerk

landing gear
das Hauptfahrwerk

tailplane
das Höhenleitwerk

cabin • die Kabine

emergency exit
der Notausgang

flight attendant
die Flugbegleiterin

overhead locker
das Gepäckfach

window
das Fenster

air vent
die Luftdüse

seat
der Sitz

reading light
die Leselampe

row
die Reihe

armrest
die Armlehne

aisle
der Gang

tray-table
der Klapptisch

seat back
die Rückenlehne

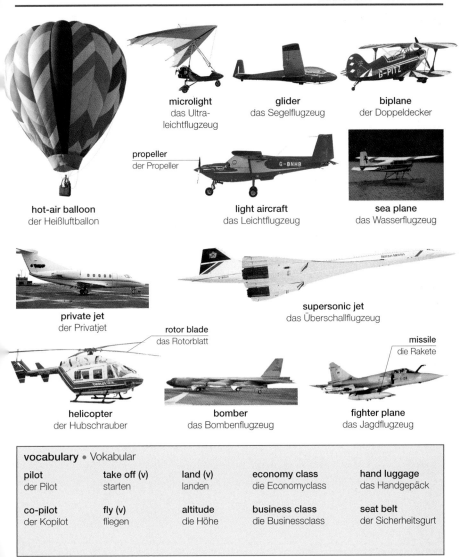

microlight
das Ultra-
leichtflugzeug

glider
das Segelflugzeug

biplane
der Doppeldecker

propeller
der Propeller

hot-air balloon
der Heißluftballon

light aircraft
das Leichtflugzeug

sea plane
das Wasserflugzeug

private jet
der Privatjet

supersonic jet
das Überschallflugzeug

rotor blade
das Rotorblatt

missile
die Rakete

helicopter
der Hubschrauber

bomber
das Bombenflugzeug

fighter plane
das Jagdflugzeug

vocabulary • Vokabular

pilot der Pilot	**take off (v)** starten	**land (v)** landen	**economy class** die Economyclass	**hand luggage** das Handgepäck
co-pilot der Kopilot	**fly (v)** fliegen	**altitude** die Höhe	**business class** die Businessclass	**seat belt** der Sicherheitsgurt

airport • der Flughafen

apron
das Vorfeld

baggage trailer
der Gepäckanhänger

terminal
der Terminal

service vehicle
das Versorgungsfahrzeug

walkway
die Fluggastbrücke

airliner | das Verkehrsflugzeug

vocabulary • Vokabular

runway
die Start- und Landebahn

international flight
der Auslandsflug

domestic flight
der Inlandsflug

connection
die Flugverbindung

flight number
die Flugnummer

immigration
die Passkontrolle

customs
der Zoll

excess baggage
das Übergepäck

carousel
das Gepäckband

security
die Sicherheitsvorkehrungen

X-ray machine
die Gepäckröntgenmaschine

holiday brochure
der Urlaubsprospekt

holiday
der Urlaub

book a flight (v)
einen Flug buchen

check in (v)
einchecken

control tower
der Kontrollturm

hand luggage
das
Handgepäck

luggage
das Gepäck

trolley
der Kofferkuli

check-in desk
der Abfertigungsschalter

visa
das Visum

passport | der Pass

passport control
die Passkontrolle

boarding pass
die Bordkarte

ticket
das Flugticket

gate number
die Gatenummer

departures
der Abflug

departure lounge
die Abflughalle

destination
das Reiseziel

arrival
die Ankunft

information screen
die Fluginformationsanzeige

duty-free shop
der Duty-free-Shop

baggage reclaim
die Gepäckausgabe

taxi rank
der Taxistand

car hire
der Autoverleih

ship • das Schiff

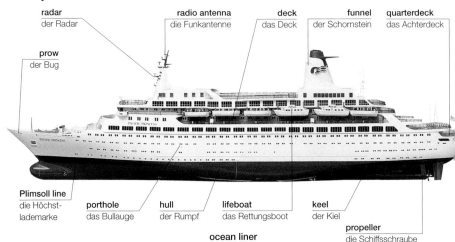

radar der Radar	**radio antenna** die Funkantenne	**deck** das Deck	**funnel** der Schornstein	**quarterdeck** das Achterdeck

prow
der Bug

Plimsoll line
die Höchst-
lademarke

porthole
das Bullauge

hull
der Rumpf

lifeboat
das Rettungsboot

keel
der Kiel

propeller
die Schiffsschraube

ocean liner
der Ozeandampfer

bridge
die Kommandobrücke

engine room
der Maschinenraum

cabin
die Kabine

galley
die Kombüse

vocabulary • Vokabular

dock das Dock	**windlass** die Ankerwinde
port der Hafen	**captain** der Kapitän
gangway die Landungsbrücke	**speedboat** das Rennboot
anchor der Anker	**rowing boat** das Ruderboot
bollard der Poller	**canoe** das Kanu

other ships • andere Schiffe

ferry
die Fähre

outboard motor
der Außenbordmotor

inflatable dinghy
das Schlauchboot

hydrofoil
das Tragflügelboot

yacht
die Jacht

catamaran
der Katamaran

tug boat
der Schleppdampfer

hovercraft
das Luftkissenboot

container ship
das Containerschiff

rigging
die Takelung

sailboat
das Segelboot

hold
der Frachtraum

freighter
das Frachtschiff

oil tanker
der Öltanker

aircraft carrier
der Flugzeugträger

battleship
das Kriegsschiff

conning tower
der Kommando-
doturm

submarine
das U-Boot

port • der Hafen

warehouse
das Waren-
lager

crane
der Kran

fork-lift truck
der Gabelstapler

access road
die Zufahrtsstraße

customs house
das Zollamt

dock
das Dock

container
der Container

quay
der Kai

cargo
die Fracht

ferry terminal
der Fährterminal

ferry
die Fähre

ticket office
der Fahrkartenschalter

passenger
der
Passagier

container port | der Containerhafen

passenger port | der Passagierhafen

net
das Netz

fishing boat
das Fischerboot

mooring
die Verankerung

marina
der Jachthafen

fishing port
der Fischereihafen

harbour
der Hafen

pier
der Pier

jetty
der Landungssteg

shipyard
die Werft

lamp
die Laterne

lighthouse
der Leuchtturm

buoy
die Boje

vocabulary • Vokabular

coastguard	**dry dock**	**board (v)**
die Küstenwache	das Trockendock	an Bord gehen
harbour master	**moor (v)**	**disembark (v)**
der Hafenmeister	festmachen	von Bord gehen
drop anchor (v)	**dock (v)**	**set sail (v)**
den Anker werfen	anlegen	auslaufen

sports
der Sport

American football • der Football

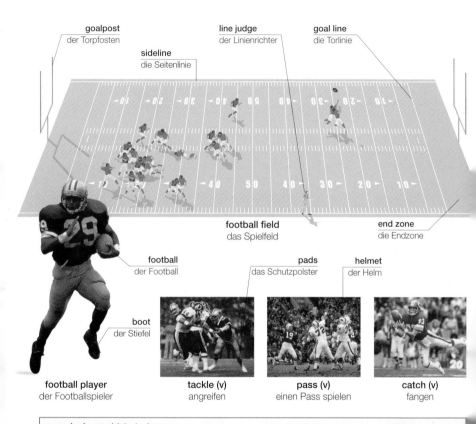

goalpost
der Torpfosten

line judge
der Linienrichter

goal line
die Torlinie

sideline
die Seitenlinie

football field
das Spielfeld

end zone
die Endzone

football
der Football

pads
das Schutzpolster

helmet
der Helm

boot
der Stiefel

football player
der Footballspieler

tackle (v)
angreifen

pass (v)
einen Pass spielen

catch (v)
fangen

---

vocabulary • Vokabular

time out die Auszeit	**team** die Mannschaft	**defence** die Verteidigung	**cheerleader** der Cheerleader	**What is the score?** Wie ist der Stand?
fumble der Fumble	**attack** der Angriff	**score** der Spielstand	**touchdown** der Touchdown	**Who is winning?** Wer gewinnt?

---

rugby • das Rugby

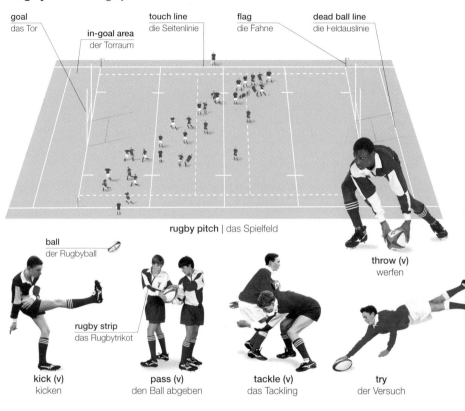

goal
das Tor

in-goal area
der Torraum

touch line
die Seitenlinie

flag
die Fahne

dead ball line
die Feldauslinie

rugby pitch | das Spielfeld

ball
der Rugbyball

throw (v)
werfen

rugby strip
das Rugbytrikot

kick (v)
kicken

pass (v)
den Ball abgeben

tackle (v)
das Tackling

try
der Versuch

player
der Rugbyspieler

ruck | das offene Gedränge

scrum | das Gedränge

soccer • der Fußball

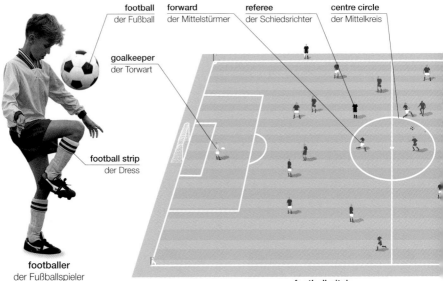

football
der Fußball

forward
der Mittelstürmer

referee
der Schiedsrichter

centre circle
der Mittelkreis

goalkeeper
der Torwart

football strip
der Dress

footballer
der Fußballspieler

football pitch
das Fußballfeld

goalpost
der Torpfosten

crossbar
die Querlatte

net
das Tornetz

dribble (v) | dribbeln

head (v)
köpfen

wall
die Mauer

goal | das Tor

free kick | der Freistoß

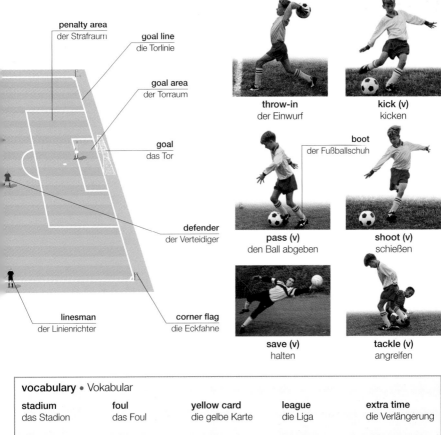

penalty area
der Strafraum

goal line
die Torlinie

goal area
der Torraum

goal
das Tor

defender
der Verteidiger

linesman
der Linienrichter

corner flag
die Eckfahne

throw-in
der Einwurf

kick (v)
kicken

boot
der Fußballschuh

pass (v)
den Ball abgeben

shoot (v)
schießen

save (v)
halten

tackle (v)
angreifen

---

vocabulary • Vokabular

stadium das Stadion	**foul** das Foul	**yellow card** die gelbe Karte	**league** die Liga	**extra time** die Verlängerung
penalty der Elfmeter	**corner** der Eckball	**off-side** das Abseits	**half time** die Halbzeit	**substitute** der Ersatzspieler
score a goal (v) ein Tor schießen	**red card** die rote Karte	**send off** der Platzverweis	**draw** das Unentschieden	**substitution** die Auswechslung

hockey • das Hockey

ice hockey • das Eishockey

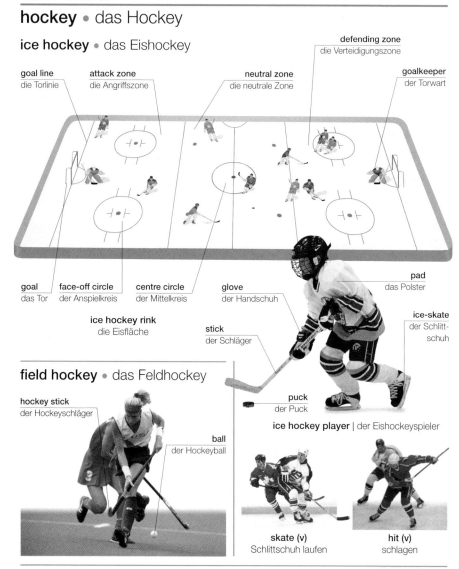

defending zone
die Verteidigungszone

goal line
die Torlinie

attack zone
die Angriffszone

neutral zone
die neutrale Zone

goalkeeper
der Torwart

goal
das Tor

face-off circle
der Anspielkreis

centre circle
der Mittelkreis

glove
der Handschuh

pad
das Polster

ice-skate
der Schlitt-
schuh

ice hockey rink
die Eisfläche

stick
der Schläger

field hockey • das Feldhockey

hockey stick
der Hockeyschläger

ball
der Hockeyball

puck
der Puck

ice hockey player | der Eishockeyspieler

skate (v)
Schlittschuh laufen

hit (v)
schlagen

cricket • das Kricket

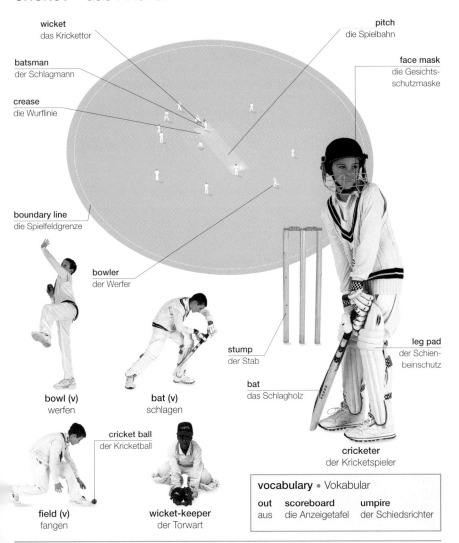

wicket
das Krickettor

pitch
die Spielbahn

batsman
der Schlagmann

face mask
die Gesichts-
schutzmaske

crease
die Wurflinie

boundary line
die Spielfeldgrenze

bowler
der Werfer

leg pad
der Schien-
beinschutz

stump
der Stab

bat
das Schlagholz

bowl (v)
werfen

bat (v)
schlagen

cricketer
der Kricketspieler

cricket ball
der Kricketball

field (v)
fangen

wicket-keeper
der Torwart

vocabulary • Vokabular

out	scoreboard	umpire
aus	die Anzeigetafel	der Schiedsrichter

basketball • der Basketball

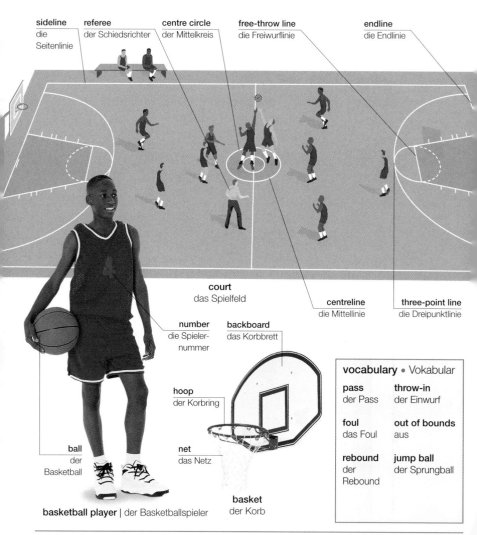

sideline
die Seitenlinie

referee
der Schiedsrichter

centre circle
der Mittelkreis

free-throw line
die Freiwurflinie

endline
die Endlinie

court
das Spielfeld

centreline
die Mittellinie

three-point line
die Dreipunktlinie

number
die Spieler-
nummer

backboard
das Korbbrett

hoop
der Korbring

net
das Netz

ball
der
Basketball

basket
der Korb

basketball player | der Basketballspieler

vocabulary • Vokabular

pass der Pass	**throw-in** der Einwurf
foul das Foul	**out of bounds** aus
rebound der Rebound	**jump ball** der Sprungball

actions • die Aktionen

throw (v)
werfen

catch (v)
fangen

shoot (v)
zielen

jump (v)
springen

mark (v)
decken

block (v)
blocken

bounce (v)
springen lassen

dunk (v)
einen Dunk spielen

volleyball • der Volleyball

block (v)
blocken

net
das Netz

dig (v)
baggern

referee
der
Schiedsrichter

knee support
der Knieschützer

das Spielfeld | **court**

baseball • der Baseball

field • das Spielfeld

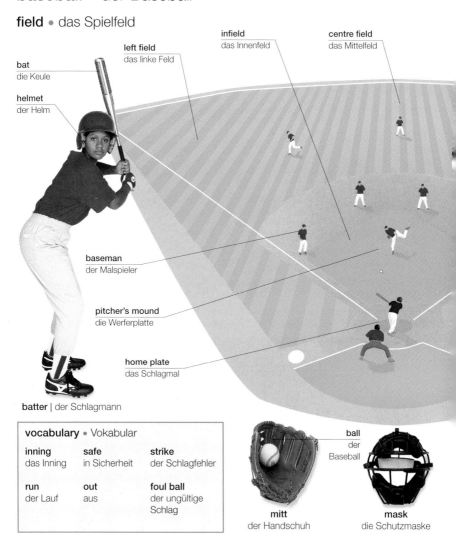

bat
die Keule

helmet
der Helm

left field
das linke Feld

infield
das Innenfeld

centre field
das Mittelfeld

baseman
der Malspieler

pitcher's mound
die Werferplatte

home plate
das Schlagmal

batter | der Schlagmann

vocabulary • Vokabular		
inning das Inning	**safe** in Sicherheit	**strike** der Schlagfehler
run der Lauf	**out** aus	**foul ball** der ungültige Schlag

ball
der
Baseball

mitt
der Handschuh

mask
die Schutzmaske

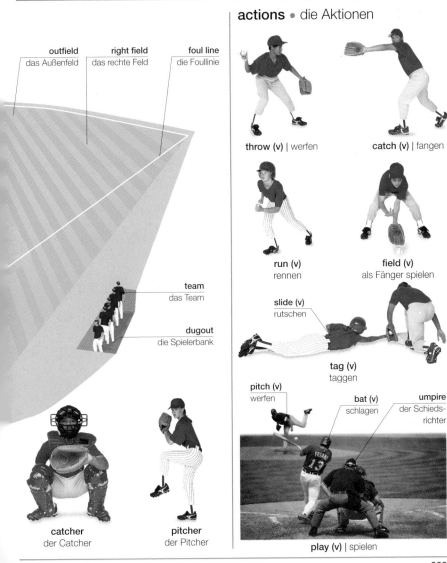

outfield
das Außenfeld

right field
das rechte Feld

foul line
die Foullinie

team
das Team

dugout
die Spielerbank

catcher
der Catcher

pitcher
der Pitcher

actions • die Aktionen

throw (v) | werfen

catch (v) | fangen

run (v)
rennen

field (v)
als Fänger spielen

slide (v)
rutschen

tag (v)
taggen

pitch (v)
werfen

bat (v)
schlagen

umpire
der Schieds-
richter

play (v) | spielen

tennis • das Tennis

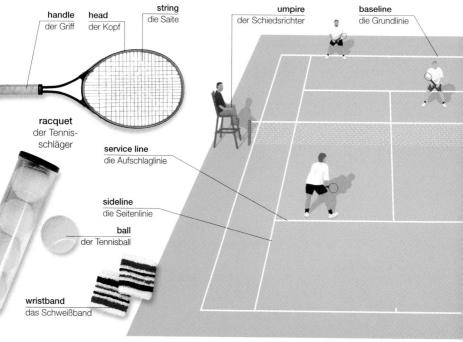

handle
der Griff

head
der Kopf

string
die Saite

umpire
der Schiedsrichter

baseline
die Grundlinie

racquet
der Tennis-
schläger

service line
die Aufschlaglinie

sideline
die Seitenlinie

ball
der Tennisball

wristband
das Schweißband

tennis court | der Tennisplatz

vocabulary • Vokabular

singles das Einzel	**set** der Satz	**deuce** der Einstand	**fault** der Fehler	**slice** der Slice	**spin** der Spin
doubles das Doppel	**match** das Match	**advantage** der Vorteil	**ace** das Ass	**rally** der Ballwechsel	**linesman** der Linienrichter
game das Spiel	**tiebreak** der Tiebreak	**love** null	**dropshot** der Stoppball	**let!** Netz!	**championship** die Meisterschaft

strokes • die Schläge

net
das Netz

smash
der Schmetterball

ballboy
der Balljunge

serve (v)
aufschlagen

tennis shoes
die Tennis-
schuhe

player
der Tennisspieler

serve
der Aufschlag

volley
der Volley

return
der Return

lob
der Lob

forehand
die Vorhand

backhand
die Rückhand

racquet games • die Schlägerspiele

shuttlecock
der Federball

bat
der Tischten-
nisschläger

badminton
das Badminton

table tennis
das Tischtennis

squash
das Squash

racquetball
das Racquetball

golf • das Golf

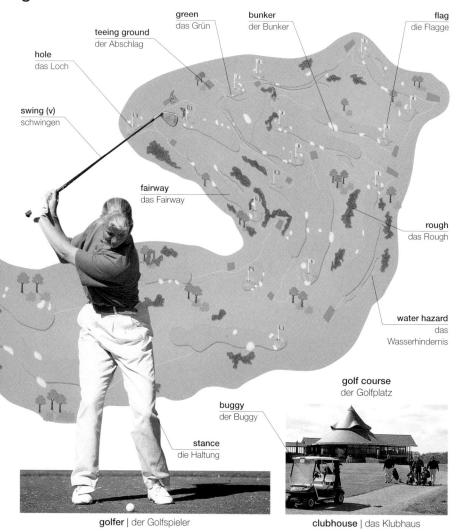

teeing ground
der Abschlag

green
das Grün

bunker
der Bunker

flag
die Flagge

hole
das Loch

swing (v)
schwingen

fairway
das Fairway

rough
das Rough

water hazard
das Wasserhindernis

golf course
der Golfplatz

buggy
der Buggy

stance
die Haltung

golfer | der Golfspieler

clubhouse | das Klubhaus

equipment • die Ausrüstung

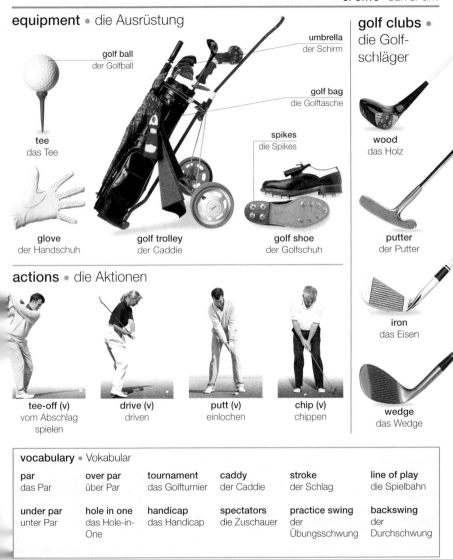

golf ball
der Golfball

umbrella
der Schirm

golf bag
die Golftasche

tee
das Tee

spikes
die Spikes

glove
der Handschuh

golf trolley
der Caddie

golf shoe
der Golfschuh

golf clubs • die Golf- schläger

wood
das Holz

putter
der Putter

iron
das Eisen

wedge
das Wedge

actions • die Aktionen

tee-off (v)
vom Abschlag
spielen

drive (v)
driven

putt (v)
einlochen

chip (v)
chippen

---

vocabulary • Vokabular

par das Par	**over par** über Par	**tournament** das Golfturnier	**caddy** der Caddie	**stroke** der Schlag	**line of play** die Spielbahn
under par unter Par	**hole in one** das Hole-in-One	**handicap** das Handicap	**spectators** die Zuschauer	**practice swing** der Übungsschwung	**backswing** der Durchschwung

athletics • die Leichtathletik

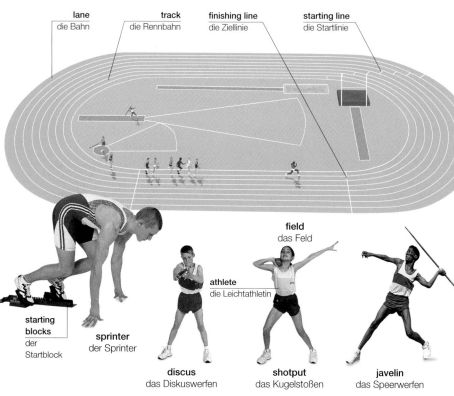

lane die Bahn	**track** die Rennbahn	**finishing line** die Ziellinie	**starting line** die Startlinie

field
das Feld

athlete
die Leichtathletin

starting blocks
der Startblock

sprinter
der Sprinter

discus
das Diskuswerfen

shotput
das Kugelstoßen

javelin
das Speerwerfen

vocabulary • Vokabular

race das Rennen	**record** der Rekord	**photo finish** das Fotofinish	**pole vault** der Stabhochsprung
time die Zeit	**break a record (v)** einen Rekord brechen	**marathon** der Marathon	**personal best** die persönliche Bestleistung

stopwatch
die Stoppuhr

baton
der Stab

crossbar
die Latte

relay race
der Staffellauf

high jump
der Hochsprung

long jump
der Weitsprung

hurdles
der Hürdenlauf

gymnastics • das Turnen

springboard
das Sprungbrett

gymnast
die Turnerin

horse
das Pferd

somersault
der Salto

beam
der Schwebebalken

ribbon
das Gymnastikband

mat
die Matte

vault
der Sprung

floor exercises
das Bodenturnen

tumble
die Bodenakrobatik

rhythmic gymnastics
die rhythmische
Gymnastik

vocabulary • Vokabular

horizontal bar das Reck	**asymmetric bars** der Stufenbarren	**rings** die Ringe	**medals** die Medaillen	**silver** das Silber
parallel bars der Barren	**pommel horse** das Seitpferd	**podium** das Siegerpodium	**gold** das Gold	**bronze** die Bronze

combat sports • der Kampfsport

opponent
der Gegner

guard
der Kopfschutz

glove
der Handschuh

belt
der Gürtel

tae-kwon-do
das Taekwondo

karate
das Karate

mask
die Maske

sword
der Säbel

judo
das Judo

aikido
das Aikido

kendo
das Kendo

kung fu
das Kung-Fu

kickboxing
das Kickboxen

wrestling
das Ringen

boxing
das Boxen

actions • die Techniken

fall
das Fallen

hold
der Griff

throw
der Wurf

pin
das Fesseln

kick
der Seitfußstoß

punch
der Stoß

strike
der Angriff

jump
der Sprung

block
der Block

chop
der Hieb

---

vocabulary • Vokabular

boxing ring der Boxring	**round** die Runde	**fist** die Faust	**black belt** der schwarze Gürtel	**capoeira** das Capoeira
boxing gloves die Boxhandschuhe	**bout** der Kampf	**punch bag** der Sandsack	**self defence** die Selbstverteidigung	**tai-chi** das Tai Chi
mouth guard der Mundschutz	**sparring** das Sparring	**knock out** der Knock-out	**martial arts** die Kampfsportarten	**sumo wrestling** das Sumo

---

swimming • der Schwimmsport
equipment • die Ausrüstung

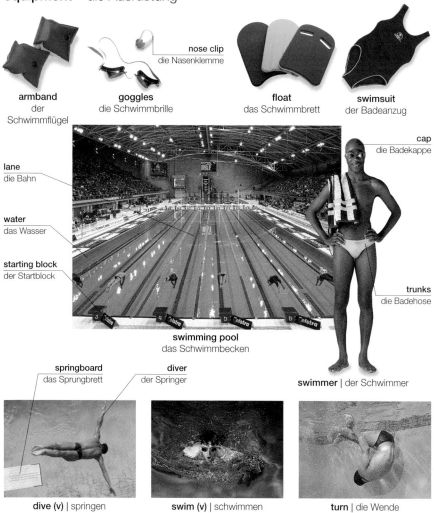

armband
der Schwimmflügel

goggles
die Schwimmbrille

nose clip
die Nasenklemme

float
das Schwimmbrett

swimsuit
der Badeanzug

cap
die Badekappe

lane
die Bahn

water
das Wasser

starting block
der Startblock

trunks
die Badehose

swimming pool
das Schwimmbecken

swimmer | der Schwimmer

springboard
das Sprungbrett

diver
der Springer

dive (v) | springen

swim (v) | schwimmen

turn | die Wende

styles • die Schwimmstile

front crawl
das Kraulen

breaststroke
das Brustschwimmen

stroke
der Zug

kick
der Stoß

backstroke | das Rückenschwimmen

butterfly | der Schmetterling

scuba diving • das Tauchen

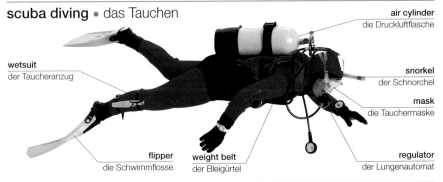

air cylinder
die Druckluftflasche

wetsuit
der Taucheranzug

snorkel
der Schnorchel

mask
die Tauchermaske

flipper
die Schwimmflosse

weight belt
der Bleigürtel

regulator
der Lungenautomat

---

vocabulary • Vokabular

dive der Sprung	**racing dive** der Startsprung	**lockers** die Schließfächer	**water polo** der Wasserball	**shallow end** das flache Ende	**cramp** der Krampf
high dive der Turmsprung	**tread water (v)** Wasser treten	**lifeguard** der Bademeister	**deep end** das tiefe Ende	**synchronized swimming** das Synchronschwimmen	**drown (v)** ertrinken

---

sailing · der Segelsport

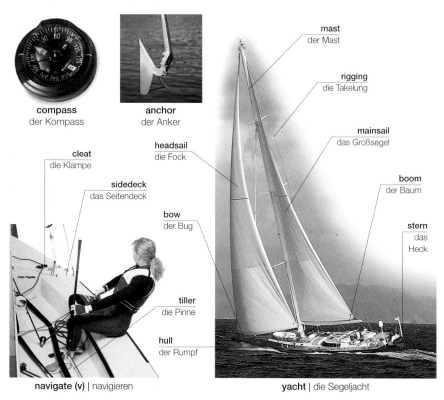

compass
der Kompass

anchor
der Anker

mast
der Mast

rigging
die Takelung

mainsail
das Großsegel

cleat
die Klampe

headsail
die Fock

sidedeck
das Seitendeck

boom
der Baum

bow
der Bug

stern
das Heck

tiller
die Pinne

hull
der Rumpf

navigate (v) | navigieren

yacht | die Segeljacht

safety · die Sicherheit

flare
die Leuchtrakete

lifebuoy
der Rettungsring

life jacket
die Schwimmweste

life raft
das Rettungsboot

watersports • der Wassersport

rower
der Ruderer

oar
das Ruder

row (v) | rudern

kayak
das Kajak

paddle
das Paddel

canoeing
der Kanusport

sail
das Segel

surfboard
das Surfbrett

ski
der Wasserski

windsurfer
der Windsurfer

surfing
das Wellenreiten

waterskiing
das Wasserski

speed boating
der Motorbootsport

footstrap
die Fußschlaufe

board
das Surfbrett

rafting
das Rafting

jet skiing
das Jetskifahren

windsurfing | das Windsurfing

vocabulary • Vokabular

surfer der Surfer	**crew** die Crew	**wind** der Wind	**surf** die Brandung	**sheet** die Schot	**centreboard** das Schwert
waterskier der Wasserskifahrer	**tack (v)** kreuzen	**wave** die Welle	**rapids** das Wildwasser	**rudder** das Ruder	**capsize (v)** kentern

horse riding • der Reitsport

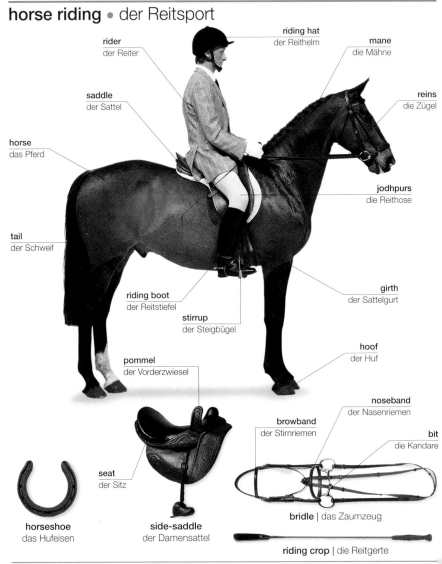

riding hat
der Reithelm

mane
die Mähne

rider
der Reiter

reins
die Zügel

saddle
der Sattel

horse
das Pferd

jodhpurs
die Reithose

tail
der Schweif

riding boot
der Reitstiefel

girth
der Sattelgurt

stirrup
der Steigbügel

hoof
der Huf

pommel
der Vorderzwiesel

noseband
der Nasenriemen

browband
der Stirnriemen

bit
die Kandare

seat
der Sitz

horseshoe
das Hufeisen

side-saddle
der Damensattel

bridle | das Zaumzeug

riding crop | die Reitgerte

events • die Veranstaltungen

racehorse
das Rennpferd

fence
das Hindernis

horse race
das Pferderennen

steeplechase
das Jagdrennen

harness race
das Trabrennen

rodeo
das Rodeo

showjumping
das Springreiten

carriage race
das Zweispännerrennen

trekking
der Wanderritt

dressage
das Dressurreiten

polo
das Polo

vocabulary • Vokabular

walk der Schritt	**canter** der Kanter	**jump** der Sprung	**halter** das Halfter	**paddock** die Koppel	**flat race** das Flachrennen
trot der Trab	**gallop** der Galopp	**groom** der Stallbursche	**stable** der Pferdestall	**arena** der Turnierplatz	**racecourse** die Rennbahn

fishing • der Angelsport

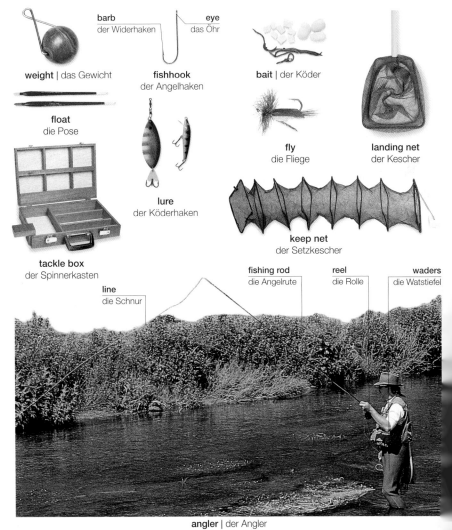

weight | das Gewicht

barb
der Widerhaken

eye
das Öhr

fishhook
der Angelhaken

bait | der Köder

float
die Pose

fly
die Fliege

landing net
der Kescher

lure
der Köderhaken

keep net
der Setzkescher

tackle box
der Spinnerkasten

line
die Schnur

fishing rod
die Angelrute

reel
die Rolle

waders
die Watstiefel

angler | der Angler

types of fishing • die Fischfangarten

freshwater fishing
das Süßwasserangeln

fly fishing
das Fliegenangeln

sport fishing
das Sportangeln

deep sea fishing
die Hochseefischerei

surfcasting
das Brandungsangeln

activities • die Aktivitäten

cast (v)
auswerfen

catch (v)
fangen

reel in (v)
einholen

net (v)
mit dem Netz fangen

release (v)
loslassen

vocabulary • Vokabular

bait (v) köddern	**tackle** die Angelgeräte	**waterproofs** die Regenhaut	**fishing permit** der Angelschein	**creel** der Fischkorb
bite (v) anbeißen	**spool** die Rolle	**pole** die Stake	**marine fishing** die Seefischerei	**spearfishing** das Speerfischen

skiing • der Skisport

ski slope
der Skihang

chairlift
der Sessellift

cable car
der Kabinenlift

ski suit
der Skianzug

ski pole
der Skistock

glove
der Handschuh

ski run
die Skipiste

ski boot
der Skistiefel

ski
der Ski

safety barrier
die Sicherheitssperre

edge
die Kante

skier
die Skiläuferin

tip
die Spitze

events • die Disziplinen

downhill skiing
der Abfahrtslauf

slalom
der Slalom

gate
das Tor

ski jump
der Skisprung

cross-country skiing
der Langlauf

winter sports • der Wintersport

ice climbing
das Eisklettern

ice-skating
das Eislaufen

figure skating
der Eiskunstlauf

goggles
die Skibrille

skate
der Schlittschuh

snowboarding
das Snowboarding

bobsleigh
der Bobsport

luge
das Rennrodeln

snowmobile
das Schneemobil

sledding
das Schlittenfahren

vocabulary • Vokabular

alpine skiing die alpine Kombination	**dog sledding** das Hundeschlittenfahren
giant slalom der Riesenslalom	**speed skating** der Eisschnelllauf
off-piste abseits der Piste	**biathlon** das Biathlon
curling das Curling	**avalanche** die Lawine

other sports • die anderen Sportarten

glider
das Segelflugzeug

hang-glider
der Drachen

gliding
das Segelfliegen

hang-gliding
das Drachenfliegen

rope
das Seil

parachute
der Fallschirm

rock climbing
das Klettern

parachuting
das Fallschirmspringen

paragliding
das Gleitschirmfliegen

skydiving
das Fallschirmspringen

abseiling
das Abseilen

bungee jumping
das Bungeejumping

rally driving
das Rallyefahren

racing driver
der Rennfahrer

motor racing
der Rennsport

motorcross
das Motocross

motorbike racing
das Motorradrennen

skateboard
das Skateboard

rollerskate
der Rollschuh

skateboarding
das
Skateboardfahren

roller skating
das Rollschuhfahren

stick
der Lacrosseschläger

lacrosse
das Lacrosse

foil
das Florett

mask
die Maske

fencing
das Fechten

pin
der Kegel

bowling
das Bowling

bow
der Bogen

arrow
der Pfeil

quiver
der Köcher

bowling ball
die
Bowlingkugel

archery
das Bogenschießen

target
die Zielscheibe

target shooting
das Scheibenschießen

pool
das Poolbillard

snooker
das Snooker

fitness • die Fitness

exercise bike
das Trainingsrad

gym machine
das Fitnessgerät

bench
die Bank

free weights
die Gewichte

bar
die Stange

gym
das Fitnesscenter

rowing machine
die Rudermaschine

treadmill
das Laufband

cross trainer
der Crosstrainer

personal trainer
die private
Fitnesstrainerin

step machine
der Stepper

swimming pool
das Schwimmbecken

sauna
die Sauna

exercises • die Übungen

stretch
das Strecken

lunge
der Ausfallschritt

tights
die Gym-
nastikhose

press-up
der Liegestütz

dumb bell
die Hantel

squat
die Kniebeuge

sit-up
das Rumpfheben

bicep curl
die Bizepsübung

leg press
der Beinstütz

chest press
die Brustübung

trainers
Trainings-
schuhe

weight bar
die
Gewichthantel

vest
das Hemd

weight training
das Krafttraining

jogging
das Jogging

aerobics
das Aerobic

---

vocabulary • Vokabular

train (v) trainieren	**jog on the spot (v)** auf der Stelle joggen	**extend (v)** ausstrecken	**Pilates** die Pilates-Übungen	**circuit training** das Zirkeltraining
warm up (v) sich aufwärmen	**flex (v)** beugen	**pull up (v)** hochziehen	**boxercise** die Boxgymnastik	**skipping** das Seilspringen

---

leisure
die Freizeit

theatre • das Theater

curtain
der Vorhang

wings
die Kulisse

set
das Bühnenbild

audience
das Publikum

orchestra
das Orchester

stage | die Bühne

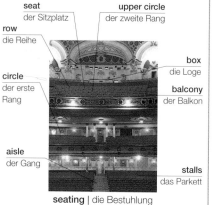

seat
der Sitzplatz

upper circle
der zweite Rang

row
die Reihe

box
die Loge

circle
der erste
Rang

balcony
der Balkon

aisle
der Gang

stalls
das Parkett

seating | die Bestuhlung

vocabulary • Vokabular

play das Theaterstück	**director** der Regisseur	**first night** die Premiere
cast die Besetzung	**producer** der Regisseur	**interval** die Pause
actor der Schauspieler	**script** das Rollenheft	**programme** das Programm
actress die Schauspielerin	**backdrop** der Prospekt	**orchestra pit** der Orchestergraben

concert
das Konzert

musical
das Musical

costume
das Theaterkostüm

ballet
das Ballett

vocabulary • Vokabular

usher der Platzanweiser	**applaud (v)** applaudieren	**I'd like two tickets for tonight's performance.** Ich möchte zwei Karten für die Aufführung heute Abend.
classical music die klassische Musik	**encore** die Zugabe	
musical score die Noten	**soundtrack** der Soundtrack	**What time does it start?** Um wieviel Uhr beginnt die Aufführung?

opera
die Oper

cinema • das Kino

popcorn
das Popcorn

lobby
das Foyer

box office
die Kasse

poster
das Plakat

cinema hall
der Kinosaal

screen
die Leinwand

vocabulary • Vokabular

comedy die Komödie	**romance** der Liebesfilm
thriller der Thriller	**science fiction film** der Science-Fiction-Film
horror film der Horrorfilm	**adventure** der Abenteuerfilm
western der Western	**animated film** der Zeichentrickfilm

orchestra • das Orchester

strings • die Saiteninstrumente

harp
die Harfe

conductor
der Dirigent

double bass
der Kontrabass

violin
die Geige

podium
das Podium

viola
die Bratsche

cello
das Cello

score
die Noten

treble clef
der Violinschlüssel

staff
das Liniensystem

note
die Note

bass clef
der Bassschlüssel

piano | das Klavier

notation | die Notation

---

vocabulary • Vokabular

overture	sonata	pitch	sharp	bar	scale
die Ouvertüre	die Sonate	die Tonhöhe	das Kreuz	der Taktstrich	die Tonleiter
symphony	instruments	rest	flat	natural	baton
die Symphonie	die Musikinstrumente	das Pausenzeichen	das B	das Auflösungszeichen	der Taktstock

---

woodwind • die Holzblasinstrumente

piccolo
die Pikkoloflöte

flute
die Querflöte

oboe
die Oboe

cor anglais
das Englischhorn

clarinet
die Klarinette

bass clarinet
die Bassklarinette

bassoon
das Fagott

double bassoon
das Kontrafagott

saxophone
das Saxofon

percussion • die Schlaginstrumente

kettledrum
die Kesselpauke

gong
der Gong

bongos
die Bongos

snare drum
die kleine Trommel

cymbals
das Becken

tambourine
das Tamburin

vibraphone
das Vibrafon

triangle
der Triangel

maracas
die Maracas

brass • die Blechblasinstrumente

trumpet
die Trompete

trombone
die Posaune

French horn
das Horn

tuba
die Tuba

concert • das Konzert

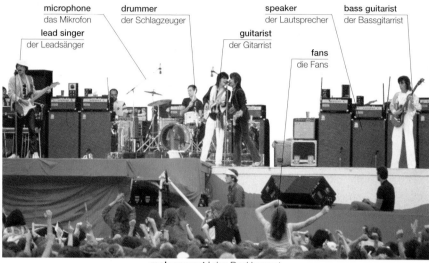

microphone
das Mikrofon

lead singer
der Leadsänger

drummer
der Schlagzeuger

speaker
der Lautsprecher

bass guitarist
der Bassgitarrist

guitarist
der Gitarrist

fans
die Fans

rock concert | das Rockkonzert

instruments • die Instrumente

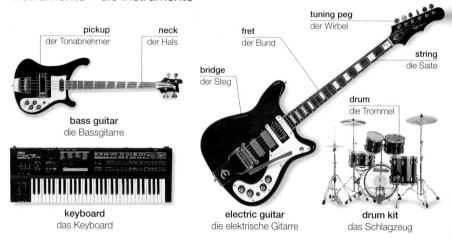

pickup
der Tonabnehmer

neck
der Hals

fret
der Bund

tuning peg
der Wirbel

bridge
der Steg

string
die Saite

drum
die Trommel

bass guitar
die Bassgitarre

keyboard
das Keyboard

electric guitar
die elektrische Gitarre

drum kit
das Schlagzeug

musical styles • die Musikstile

jazz
der Jazz

blues
der Blues

punk
die Punkmusik

folk music
der Folk

pop
die Popmusik

dance
die Tanzmusik

rap
der Rap

heavy metal
das Heavymetal

classical music
die klassische Musik

---

vocabulary • Vokabular

song	lyrics	melody	beat	reggae	country	spotlight
das Lied	der Text	die Melodie	der Beat	der Reggae	die Countrymusic	der Scheinwerfer

---

sightseeing • die Besichtigungstour

tourist
der Tourist

tourist attraction | die Touristenattraktion

itinerary
die Route

open-top
mit offenem
Oberdeck

tour bus | der Stadtrundfahrtbus

tour guide
die Fremden-
führerin

guided tour
die Führung

statuette
die Figur

souvenirs
die Andenken

---

vocabulary • Vokabular

open geöffnet	**guide book** der Reiseführer	**camcorder** der Camcorder	**left** links	**Where is…?** Wo ist…?
closed geschlossen	**film** der Film	**camera** die Kamera	**right** rechts	**I'm lost.** Ich habe mich verlaufen.
entrance fee das Eintrittsgeld	**batteries** die Batterien	**directions** die Richtungs-angaben	**straight on** geradeaus	**Can you tell me the way to….?** Können Sie mir sagen, wie ich nach… komme?

---

attractions • die Sehenswürdigkeiten

painting
das Gemälde

exhibit
das Ausstellungs-
stück

exhibition
die Ausstellung

famous ruin
die berühmte
Ruine

art gallery
die Kunstgalerie

monument
das Monument

museum
das Museum

historic building
das historische
Gebäude

casino
das Kasino

gardens
der Park

national park
der Nationalpark

information • die Information

times
die Zeiten

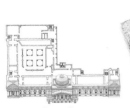

floor plan
der Grundriss

map
der Stadtplan

timetable
der Fahrplan

tourist information
die Touristen-
information

outdoor activities • die Aktivitäten im Freien

footpath
der Fußweg

sundial
die Sonnenuhr

café
das Café

park | der Park

grass
das Gras

bench
die Bank

formal gardens
die Gartenanlagen

roller coaster
die Achterbahn

fairground
der Jahrmarkt

theme park
der Vergnügungspark

safari park
der Safaripark

zoo
der Zoo

activites • die Aktivitäten

cycling
das Radfahren

jogging
das Jogging

skateboarding
das Skateboardfahren

rollerblading
das Inlinerfahren

bridle path
der Reitweg

bird watching
die Vogelbeobachtung

horse riding
das Reiten

hiking
das Wandern

hamper
der Pick-
nickkorb

picnic
das Picknick

playground • der Spielplatz

sandpit
der Sandkasten

paddling pool
das Planschbecken

swings
die Schaukel

seesaw | die Wippe

slide
die Rutsche

climbing frame
das Klettergerüst

beach • der Strand

beach umbrella
der Sonnenschirm

hotel
das Hotel

beach hut
das Strandhäuschen

sand
der Sand

wave
die Welle

sea
das Meer

beach bag
die Strandtasche

bikini
der Bikini

sunbathe (v) | sonnenbaden

lifeguard
der Bademeister

lifeguard tower
der Rettungsturm

windbreak
der Windschutz

promenade
die Promenade

deck chair
der Liegestuhl

sunglasses
die Sonnenbrille

sunhat
der Sonnenhut

suntan lotion
die Sonnenmilch

sunblock
der Sonnenblocker

beach ball
der Wasserball

rubber ring
der Schwimmreifen

swimsuit
der Badeanzug

spade
die Schaufel

bucket
der Eimer

sandcastle
die Sandburg

shell
die Muschel

beach towel
das Strandtuch

camping • das Camping

toilets
die Toiletten

waste disposal
die Mülleimer

shower block
die Duschen

electric hook-up
der Stromanschluss

flysheet
das Überdach

tent peg
der Hering

guy rope
die Zeltspannleine

caravan
der Wohnwagen

campsite
der Campingplatz

---

vocabulary • Vokabular

camp (v) zelten	**pitch (v)** aufschlagen	**picnic bench** die Picknickbank	**charcoal** die Holzkohle
site manager's office die Campingplatzverwaltung	**pitch a tent (v)** ein Zelt aufschlagen	**hammock** die Hängematte	**firelighter** der Feueranzünder
pitches available Zeltplätze frei	**tent pole** die Zeltstange	**camper van** das Wohnmobil	**light a fire (v)** ein Feuer machen
full voll	**camp bed** das Faltbett	**trailer** der Anhänger	**campfire** das Lagerfeuer

frame
das Gestänge

ground sheet
der Zeltboden

backpack
der Rucksack

vacuum flask
die Thermos-
flasche

water bottle
die Wasserflasche

tent | das Zelt

insect repellent
das Insektenspray

torch
die Taschenlampe

mosquito net
das Moskitonetz

thermals
die Thermowäsche

walking boots
die Wanderschuhe

waterproofs
die Regenhaut

sleeping bag
der Schlafsack

camping stove
der Gasbrenner

barbecue
der Grill

sleeping mat
die Schlafmatte

air mattress | die Luftmatratze

home entertainment • die Unterhaltungselektronik

personal CD player
der Discman

mini disk recorder
der Minidiskrekorder

MP3 player
der MP3-Spieler

DVD disk
die DVD

DVD player
der DVD-Spieler

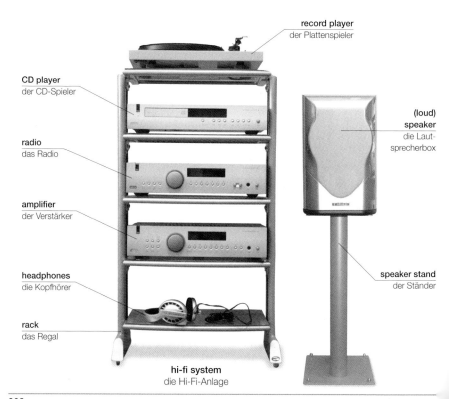

record player
der Plattenspieler

CD player
der CD-Spieler

radio
das Radio

amplifier
der Verstärker

headphones
die Kopfhörer

rack
das Regal

(loud) speaker
die Laut-
sprecherbox

speaker stand
der Ständer

hi-fi system
die Hi-Fi-Anlage

video tape
die Videokassette

screen
der Bildschirm

eyecup
das Okular

video recorder
der Videorekorder

camcorder
der Camcorder

satellite dish
die Satellitenschüssel

widescreen television
der Breitbildfernseher

console
die Spiel-
konsole

fast forward
der Vorlauf

pause
die Pause

record
die Aufnahme

volume
die Lautstärke

rewind
der Rücklauf

stop
der Stop

controller
der Steuerhebel

play
das Abspielen

video game | das Videospiel

remote control
die Fernbedienung

vocabulary • Vokabular

compact disc die CD	feature film der Spielfilm	cable television das Kabelfernsehen	stereo stereo	watch television (v) fernsehen
cassette tape die Kassette	advertisement die Werbung	programme das Programm	change channel (v) den Kanal wechseln	tune the radio (v) das Radio einstellen
cassette player der Kassetten-rekorder	digital digital	turn the television on (v) den Fernseher einschalten	pay per view channel der Pay-Kanal	turn the television off (v) den Fernseher abschalten

photography • die Fotografie

flash
der Blitz

aperture dial
der Blendenregler

frame counter
der Zähler

shutter release
der Auslöser

filter
der Filter

lens caps
die Schutzkappe

shutter-speed dial
die Zeiteinstellscheibe

lens
die Linse

SLR camera | die Spiegelreflexkamera

flash gun
der Elektronenblitz

lightmeter
der Belichtungsmesser

zoom lens
das Zoom

tripod
das Stativ

types of camera • die Fotoapparattypen

digital camera
die Digitalkamera

APS camera
die Kamera für APS-Film

instant camera
die Sofortbildkamera

disposable camera
die Einwegkamera

photograph (v) • fotografieren

film spool
die Filmspule

film
der Film

focus (v)
einstellen

develop (v)
entwickeln

negative
das Negativ

landscape
quer

portrait
hoch

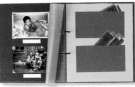

photo album
das Fotoalbum

photo frame
der Fotorahmen

photograph | das Foto

problems • die Probleme

underexposed
unterbelichtet

overexposed
überbelichtet

out of focus
unscharf

red eye
die roten Augen

vocabulary • Vokabular

viewfinder
der Bildsucher

print
der Abzug

camera case
die Kameratasche

mat
matt

exposure
die Belichtung

gloss
Hochglanz-

darkroom
die Dunkelkammer

enlargement
die Vergrößerung

I'd like this film processed
Könnten Sie diesen Film entwickeln lassen?

games • die Spiele

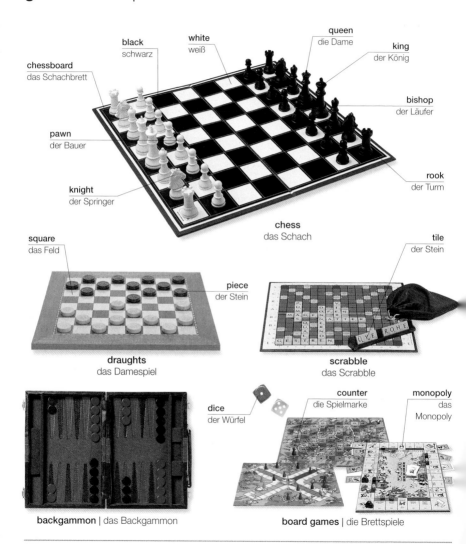

chessboard
das Schachbrett

black
schwarz

white
weiß

queen
die Dame

king
der König

bishop
der Läufer

pawn
der Bauer

knight
der Springer

rook
der Turm

chess
das Schach

square
das Feld

piece
der Stein

tile
der Stein

draughts
das Damespiel

scrabble
das Scrabble

dice
der Würfel

counter
die Spielmarke

monopoly
das Monopoly

backgammon | das Backgammon

board games | die Brettspiele

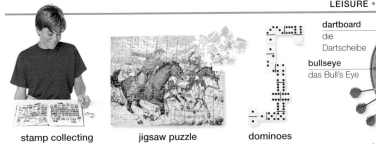

dartboard
die
Dartscheibe

bullseye
das Bull's Eye

stamp collecting
das Briefmarkensammeln

jigsaw puzzle
das Puzzle

dominoes
das Domino

darts
das Darts

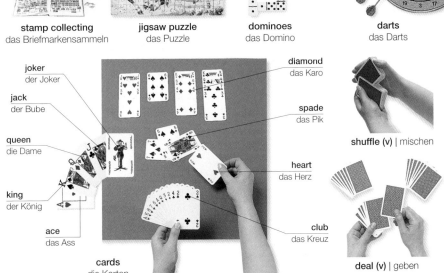

joker
der Joker

jack
der Bube

queen
die Dame

king
der König

ace
das Ass

cards
die Karten

diamond
das Karo

spade
das Pik

heart
das Herz

club
das Kreuz

shuffle (v) | mischen

deal (v) | geben

vocabulary • Vokabular					
move der Zug	**win (v)** gewinnen	**loser** der Verlierer	**point** der Punkt	**bridge** das Bridge	**Whose turn is it?** Wer ist dran?
play (v) spielen	**winner** der Gewinner	**game** das Spiel	**score** das Spielergebnis	**pack of cards** das Kartenspiel	**It's your move.** Du bist dran.
player der Spieler	**lose (v)** verlieren	**bet** die Wette	**poker** das Poker	**suit** die Farbe	**Roll the dice.** Würfle.

arts and crafts 1 • das Kunsthandwerk 1

artist
die Künstlerin

painting
das Gemälde

easel
die Staffelei

canvas
die Leinwand

brush
der Pinsel

palette
die Palette

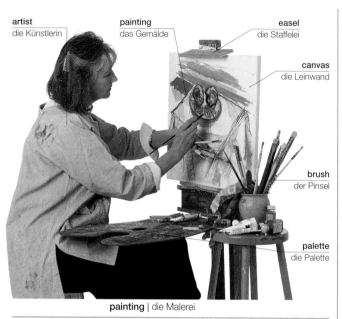
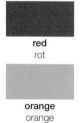

painting | die Malerei

paints • die Farben

oil paints
die Ölfarben

watercolour paint
die Aquarellfarbe

pastels
die Pastellstifte

acrylic paint
die Acrylfarbe

poster paint
die Plakatfarbe

colours • die Farben

red	blue	yellow	green
rot	blau	gelb	grün
orange	**purple**	**white**	**black**
orange	lila	weiß	schwarz
grey	**pink**	**brown**	**indigo**
grau	rosa	braun	indigoblau

other crafts • andere Kunstfertigkeiten

sketch pad
der Skizzenblock

sketch
die Skizze

ink
die Druckfarbe

pencil
der Bleistift

charcoal
der Kohlestift

drawing | das Zeichnen

printing
das Drucken

engraving
das Gravieren

wood
das Holz

stone
der Stein

chisel
der Meißel

mallet
der Schlegel

modelling tool
das Modellierholz

potter's wheel
die Drehscheibe

sculpting
die Bildhauerei

woodworking
die Holzarbeit

cardboard
die Pappe

glue
der Klebstoff

clay
der Ton

collage | die Collage

pottery
die Töpferei

jewellery making
die Juwelierarbeit

papier-mâché
das Pappmaschee

origami
das Origami

model making
der Modellbau

arts and crafts 2 • das Kunsthandwerk 2

thread guide
die Fadenführung

thread reel
der Spuler

needle
die Nadel

balance wheel
das Handrad

presser foot
der Nähfuß

stitch selector
die Stichwahltaste

needle plate
die Stichplatte

sewing machine | die Nähmaschine

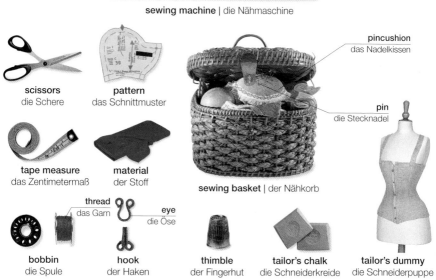

scissors
die Schere

pattern
das Schnittmuster

pincushion
das Nadelkissen

pin
die Stecknadel

tape measure
das Zentimetermaß

material
der Stoff

sewing basket | der Nähkorb

thread
das Garn

eye
die Öse

bobbin
die Spule

hook
der Haken

thimble
der Fingerhut

tailor's chalk
die Schneiderkreide

tailor's dummy
die Schneiderpuppe

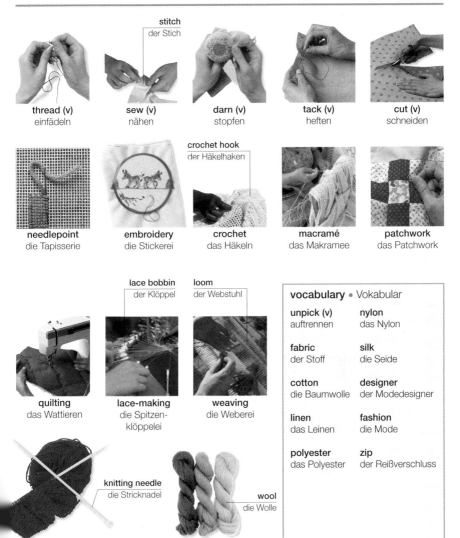

stitch
der Stich

thread (v)
einfädeln

sew (v)
nähen

darn (v)
stopfen

tack (v)
heften

cut (v)
schneiden

needlepoint
die Tapisserie

embroidery
die Stickerei

crochet hook
der Häkelhaken

crochet
das Häkeln

macramé
das Makramee

patchwork
das Patchwork

lace bobbin
der Klöppel

loom
der Webstuhl

quilting
das Wattieren

lace-making
die Spitzen-
klöppelei

weaving
die Weberei

knitting needle
die Stricknadel

wool
die Wolle

knitting | das Stricken

skein | der Strang

vocabulary • Vokabular

unpick (v)
auftrennen

nylon
das Nylon

fabric
der Stoff

silk
die Seide

cotton
die Baumwolle

designer
der Modedesigner

linen
das Leinen

fashion
die Mode

polyester
das Polyester

zip
der Reißverschluss

environment
die Umwelt

space • der Weltraum

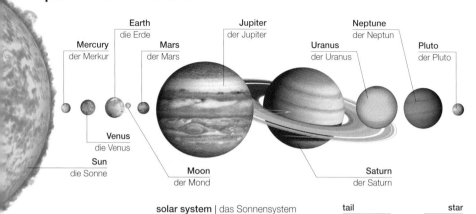

Mercury
der Merkur

Earth
die Erde

Mars
der Mars

Jupiter
der Jupiter

Uranus
der Uranus

Neptune
der Neptun

Pluto
der Pluto

Venus
die Venus

Sun
die Sonne

Moon
der Mond

Saturn
der Saturn

solar system | das Sonnensystem

tail
der Schweif

star
der Stern

galaxy
die Galaxie

nebula
der Nebelfleck

asteroid
der Asteroid

comet
der Komet

vocabulary • Vokabular

universe	planet	full moon
das Universum	der Planet	der Vollmond
orbit	meteor	new moon
die Umlaufbahn	der Meteor	der Neumond
gravity	black hole	crescent
die Schwerkraft	das Schwarze	moon
	Loch	die
		Mondsichel

eclipse | die Finsternis

space exploration • die Raumforschung

radar
der Radar

thruster
die Steuerrakete

crew hatch
die Besatzungsluke

space shuttle
die Raumfähre

space suit
der Raumanzug

booster
der Be-
schleuniger

astronaut | der Astronaut

lunar module | die Mondfähre

launch pad
die Abschussrampe

launch
der Abschuss

satellite
der Satellit

space station
die Raumstation

astronomy • die Astronomie

constellation
das Sternbild

binoculars
das Fernglas

telescope
das Teleskop

tripod
das Stativ

Earth • die Erde

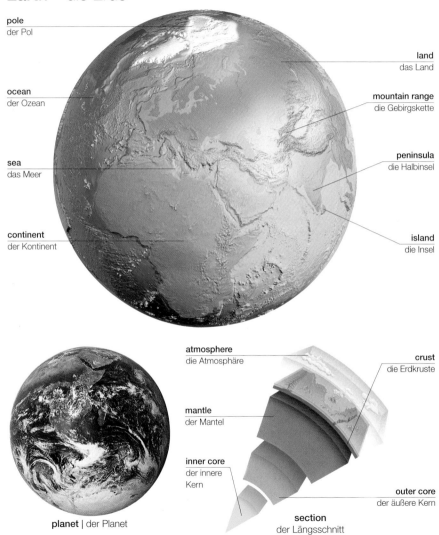

pole
der Pol

land
das Land

ocean
der Ozean

mountain range
die Gebirgskette

sea
das Meer

peninsula
die Halbinsel

continent
der Kontinent

island
die Insel

atmosphere
die Atmosphäre

crust
die Erdkruste

mantle
der Mantel

inner core
der innere
Kern

outer core
der äußere Kern

planet | der Planet

section
der Längsschnitt

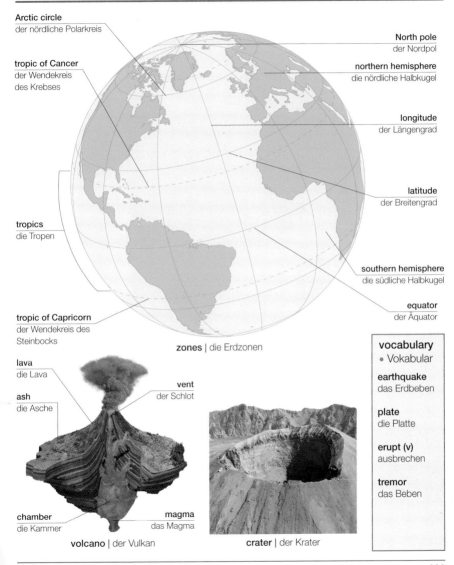

Arctic circle
der nördliche Polarkreis

tropic of Cancer
der Wendekreis
des Krebses

tropics
die Tropen

tropic of Capricorn
der Wendekreis des
Steinbocks

North pole
der Nordpol

northern hemisphere
die nördliche Halbkugel

longitude
der Längengrad

latitude
der Breitengrad

southern hemisphere
die südliche Halbkugel

equator
der Äquator

zones | die Erdzonen

lava
die Lava

ash
die Asche

vent
der Schlot

chamber
die Kammer

magma
das Magma

volcano | der Vulkan

crater | der Krater

vocabulary
· Vokabular

earthquake
das Erdbeben

plate
die Platte

erupt (v)
ausbrechen

tremor
das Beben

landscape • die Landschaft

mountain
der Berg

slope
der Hang

bank
das Ufer

river
der Fluss

rapids
die Strom-
schnellen

rocks
die Felsen

glacier
der Gletscher

valley | das Tal

hill
der Hügel

plateau
das Plateau

gorge
die Schlucht

cave
die Höhle

plain | die Ebene

desert | die Wüste

forest | der Wald

wood | der Wald

rainforest
der Regenwald

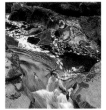

swamp
der Sumpf

meadow
die Wiese

grassland
das Grasland

waterfall
der Wasserfall

stream
der Bach

lake
der See

geyser
der Geysir

coast
die Küste

cliff
die Klippe

coral reef
das Korallenriff

estuary
die Flussmündung

weather · das Wetter

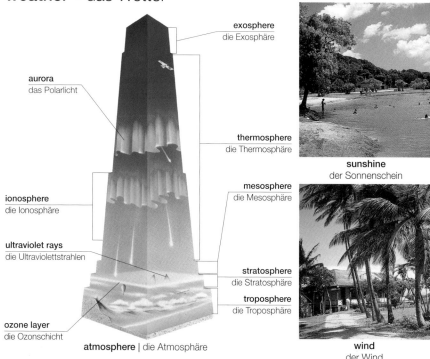

exosphere
die Exosphäre

aurora
das Polarlicht

thermosphere
die Thermosphäre

sunshine
der Sonnenschein

mesosphere
die Mesosphäre

ionosphere
die Ionosphäre

ultraviolet rays
die Ultraviolettstrahlen

stratosphere
die Stratosphäre

troposphere
die Troposphäre

ozone layer
die Ozonschicht

atmosphere | die Atmosphäre

wind
der Wind

vocabulary · Vokabular

sleet der Schneeregen	**shower** der Schauer	**hot** heiß	**dry** trocken	**windy** windig	**I'm hot/cold.** Mir ist heiß/kalt.
hail der Hagel	**sunny** sonnig	**cold** kalt	**wet** nass	**gale** der Sturm	**It's raining.** Es regnet.
thunder der Donner	**cloudy** bewölkt	**warm** warm	**humid** feucht	**temperature** die Temperatur	**It's ... degrees** Es sind ... Grad.

cloud
die Wolke

rain
der Regen

lightning
der Blitz

storm
das Gewitter

mist
der feine Nebel

fog
der dichte Nebel

rainbow
der Regenbogen

snow
der Schnee

frost
der Raureif

icicle
der Eiszapfen

ice
das Eis

freeze
der Frost

hurricane
der Hurrikan

tornado
der Tornado

monsoon
der Monsun

flood
die Überschwemmung

rocks • das Gestein

igneous • eruptiv

granite
der Granit

obsidian
der Obsidian

basalt
der Basalt

pumice
der Bimsstein

sedimentary • sedimentär

sandstone
der Sandstein

limestone
der Kalkstein

chalk
die Kreide

flint
der Feuerstein

conglomerate
das Konglomerat

coal
die Kohle

metamorphic • metamorph

slate
der Schiefer

schist
der Schiefer

gneiss
der Gneis

marble
der Marmor

gems • die Schmucksteine

ruby
der Rubin

aquamarine
der Aquamarin

amethyst
der Amethyst

diamond
der Diamant

jade
der Jade

jet
der Jett

emerald
der Smaragd

opal
der Opal

sapphire
der Saphir

moonstone
der Mondstein

garnet
der Granat

topaz
der Topas

tourmaline
der Turmalin

minerals • die Mineralien

quartz
der Quarz

mica
der Glimmer

sulphur
der Schwefel

hematite
der Hämatit

calcite
der Kalzit

malachite
der Malachit

turquoise
der Türkis

onyx
der Onyx

agate
der Achat

graphite
der Graphit

metals • die Metalle

gold
das Gold

silver
das Silber

platinum
das Platin

nickel
das Nickel

iron
das Eisen

copper
das Kupfer

tin
das Zinn

aluminium
das Aluminium

mercury
das Quecksilber

zinc
das Zink

animals 1 • die Tiere 1
mammals • die Säugetiere

whiskers
die Schnurrhaare

tail
der Schwanz

rabbit
das Kaninchen

hamster
der Hamster

mouse
die Maus

rat
die Ratte

hedgehog
der Igel

squirrel
das Eichhörnchen

bat
die Fledermaus

raccoon
der Waschbär

fox
der Fuchs

wolf
der Wolf

puppy
der Welpe

kitten
das Kätzchen

pup
das Junge

dog
der Hund

cat
die Katze

otter
der Otter

seal
die Robbe

flipper
die Flosse

blowhole
das Atemloch

sea lion
der Seelöwe

walrus
das Walross

whale
der Wal

dolphin
der Delfin

antler
das Geweih

mane
die Mähne

hoof
der Huf

hump
der Höcker

deer
der Hirsch

zebra
das Zebra

giraffe
die Giraffe

dromedary
das Dromedar

trunk
der Rüssel

tusk
der Stoßzahn

horn
das Horn

hippopotamus
das Nilpferd

elephant
der Elefant

rhinoceros
das Nashorn

tiger
der Tiger

mane
die Mähne

lion
der Löwe

monkey
der Affe

gorilla
der Gorilla

koala
der Koalabär

pouch
der Beutel

panda
der Pandabär

claw
die Klaue

kangaroo
das Känguru

bear
der Bär

polar bear
der Eisbär

animals 2 • die Tiere 2
birds • die Vögel

tail
der Schwanz

canary
der Kanarienvogel

sparrow
der Spatz

hummingbird
der Kolibri

swallow
die Schwalbe

crow
die Krähe

pigeon
die Taube

woodpecker
der Specht

falcon
der Falke

owl
die Eule

gull
die Möwe

eagle
der Adler

pelican
der Pelikan

flamingo
der Flamingo

stork
der Storch

crane
der Kranich

penguin
der Pinguin

ostrich
der Strauß

reptiles • die Reptilien

scales
die Schuppen

alligator
der Alligator

goose | die Gans

swan
der Schwan

lizard
die Eidechse

iguana
der Leguan

pheasant
der Fasan

shell
der Panzer

peacock
der Pfau

turtle
die Wasserschildkröte

tortoise
die Schildkröte

turkey
der Truthahn

snake
die Schlange

bill
der Schnabel

feather
die Feder

wing
der
Flügel

snout
die Schnauze

cockatoo
der Kakadu

claw
die Kralle

parrot
der Papagei

crocodile
das Krokodil

animals 3 • die Tiere 3
amphibians • die Amphibien

frog
der Frosch

toad
die Kröte

tadpole
die Kaulquappe

salamander
der Salamander

fish • die Fische

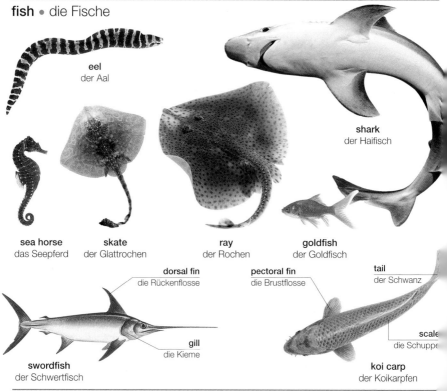

eel
der Aal

shark
der Haifisch

sea horse
das Seepferd

skate
der Glattrochen

ray
der Rochen

goldfish
der Goldfisch

dorsal fin
die Rückenflosse

pectoral fin
die Brustflosse

tail
der Schwanz

gill
die Kieme

scale
die Schuppe

swordfish
der Schwertfisch

koi carp
der Koikarpfen

invertebrates • die Wirbellosen

ant
die Ameise

termite
die Termite

bee
die Biene

wasp
die Wespe

beetle
der Käfer

cockroach
die Schabe

moth
die Motte

antenna
der Fühler

butterfly
der Schmetterling

cocoon
der Kokon

caterpillar
die Raupe

cricket
die Grille

grasshopper
die Heuschrecke

praying mantis
die Gottesanbeterin

sting
der Stachel

scorpion
der Skorpion

centipede
der Tausendfüßer

dragonfly
die Libelle

fly
die Fliege

mosquito
die Stechmücke

ladybird
der Marienkäfer

spider
die Spinne

slug
die Nacktschnecke

snail
die Schnecke

worm
der Wurm

starfish
der Seestern

mussel
die Muschel

crab
der Krebs

lobster
der Hummer

octopus
der Krake

squid
der Tintenfisch

jellyfish
die Qualle

plants • die Pflanzen

tree • der Baum

branch
der Ast

leaf
das Blatt

twig
der Zweig

bark
die Rinde

willow
die Weide

root
die Wurzel

trunk
der Stamm

oak
die Eiche

poplar
die Pappel

eucalyptus
der Eukalyptus

larch
die Lärche

beech
die Buche

birch
die Birke

pine
die Kiefer

cedar
die Zeder

maple
der Ahorn

elm
die Ulme

lime
die Linde

berry
die Beere

holly
die Stechpalme

palm
die Palme

flowering plant • die blühende Pflanze

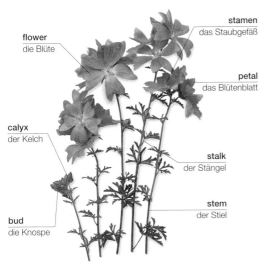

flower
die Blüte

stamen
das Staubgefäß

petal
das Blütenblatt

calyx
der Kelch

stalk
der Stängel

stem
der Stiel

bud
die Knospe

buttercup
der Hahnenfuß

daisy
das Gänseblümchen

thistle
die Distel

dandelion
der Löwenzahn

heather
das Heidekraut

poppy
der Klatschmohn

foxglove
der Fingerhut

honeysuckle
das Geißblatt

sunflower
die Sonnenblume

clover
der Klee

bluebells
die Sternhyazinthen

primrose
die Schlüsselblume

lupins
die Lupinen

nettle
die Nessel

town • die Stadt

street
die Straße

kerb
der Bordstein

street corner
die Straßenecke

shop
der Laden

intersection
die Kreuzung

one-way
system
die
Einbahnstraße

pavement
der
Bürgersteig

office block
das
Bürogebäude

apartment
block
der
Wohnblock

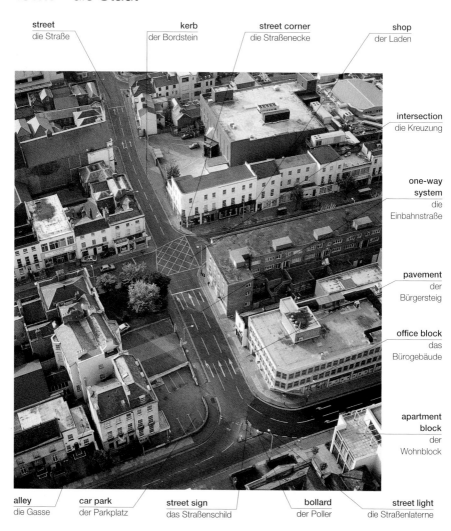

alley
die Gasse

car park
der Parkplatz

street sign
das Straßenschild

bollard
der Poller

street light
die Straßenlaterne

buildings • die Gebäude

town hall
das Rathaus

library
die Bibliothek

cinema
das Kino

theatre
das Theater

university
die Universität

school
die Schule

skyscraper
der Wolkenkratzer

areas • die Wohngegend

industrial estate
das Industriegebiet

city
die Stadt

suburb
der Vorort

village
das Dorf

---

vocabulary • Vokabular

pedestrian zone die Fußgängerzone	**side street** die Seitenstraße	**manhole** der Kanalschacht	**gutter** der Rinnstein	**church** die Kirche
avenue die Allee	**square** der Platz	**bus stop** die Bushaltestelle	**factory** die Fabrik	**drain** der Kanal

---

english • deutsch

architecture • die Architektur

buildings and structures • die Gebäude und Strukturen

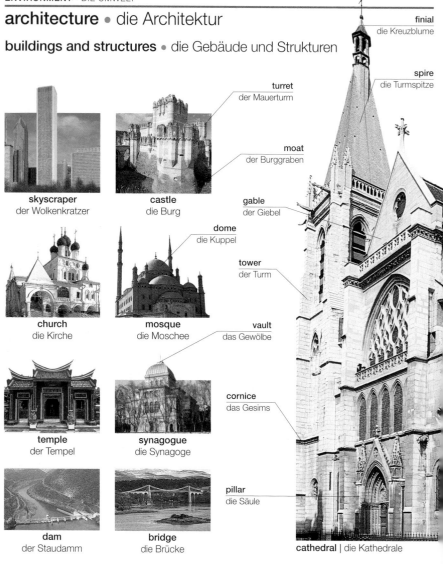

skyscraper
der Wolkenkratzer

turret
der Mauerturm

castle
die Burg

moat
der Burggraben

gable
der Giebel

finial
die Kreuzblume

spire
die Turmspitze

church
die Kirche

dome
die Kuppel

mosque
die Moschee

tower
der Turm

temple
der Tempel

synagogue
die Synagoge

vault
das Gewölbe

cornice
das Gesims

dam
der Staudamm

bridge
die Brücke

pillar
die Säule

cathedral | die Kathedrale

styles • die Baustile

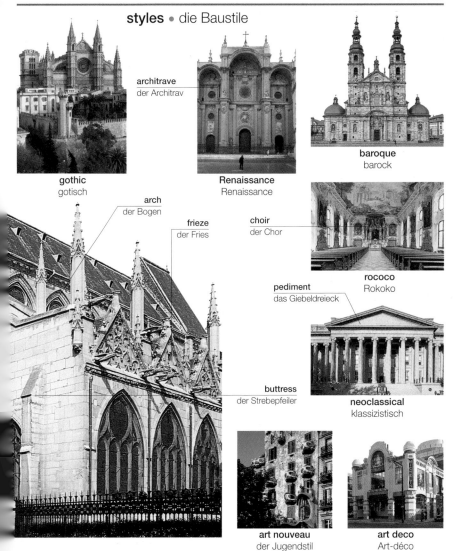

architrave
der Architrav

gothic
gotisch

Renaissance
Renaissance

baroque
barock

arch
der Bogen

frieze
der Fries

choir
der Chor

rococo
Rokoko

pediment
das Giebeldreieck

buttress
der Strebepfeiler

neoclassical
klassizistisch

art nouveau
der Jugendstil

art deco
Art-déco

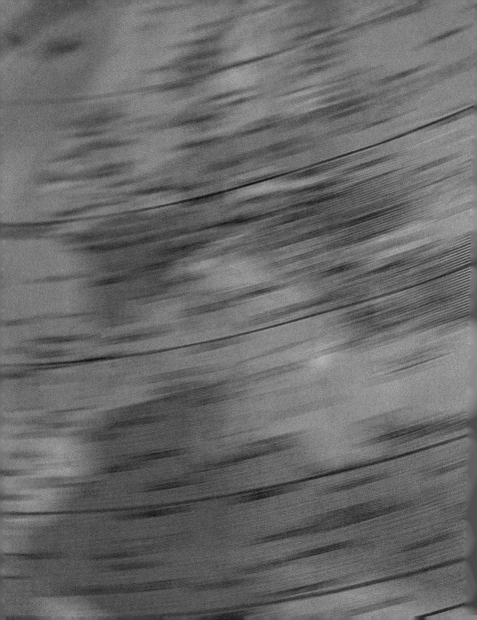

reference
die Information

time • die Uhrzeit

minute hand
der Minutenzeiger

hour hand
der Stundenzeiger

clock
die Uhr

vocabulary • Vokabular

hour	**now**	**forty minutes**
die Stunde	jetzt	vierzig Minuten
minute	**later**	**twenty minutes**
die Minute	später	zwanzig Minuten
second	**half an hour**	**a quarter of an**
die	eine halbe	**hour**
Sekunde	Stunde	eine Viertelstunde

What time is it? **It's three o'clock**
Wie spät ist es? Es ist drei Uhr.

five past one
fünf nach eins

ten past one
zehn nach eins

quarter past one
Viertel nach eins

twenty past one
zwanzig nach eins

second hand
der Sekun-
denzeiger

twenty five past one
fünf vor halb zwei

one thirty
ein Uhr dreißig

twenty five to two
fünf nach halb zwei

twenty to two
zwanzig vor zwei

quarter to two
Viertel vor zwei

ten to two
zehn vor zwei

five to two
fünf vor zwei

two o'clock
zwei Uhr

night and day • die Nacht und der Tag

midnight
die Mitternacht

sunrise
der Sonnenaufgang

dawn
die Morgendämmerung

morning
der Morgen

sunset
der Sonnenuntergang

midday
der Mittag

dusk
die Abenddämmerung

evening
der Abend

afternoon
der Nachmittag

vocabulary • Vokabular

early früh	**You're early.** Du bist früh dran.	**Please be on time.** Sei bitte pünktlich.	**What time does it finish?** Wann ist es zu Ende?
on time pünktlich	**You're late.** Du hast dich verspätet.	**I'll see you later.** Bis später.	**How long will it last?** Wie lange dauert es?
late spät	**I'll be there soon.** Ich werde bald dort sein.	**What time does it start?** Wann fängt es an?	**It's getting late.** Es ist schon spät.

calendar • der Kalender

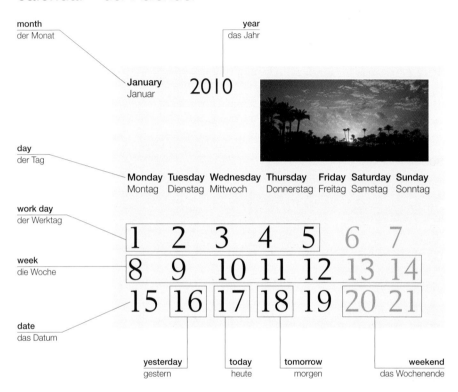

month
der Monat

year
das Jahr

January
Januar

2010

day
der Tag

Monday **Tuesday** **Wednesday** **Thursday** **Friday** **Saturday** **Sunday**
Montag Dienstag Mittwoch Donnerstag Freitag Samstag Sonntag

work day
der Werktag

| 1 | 2 | 3 | 4 | 5 | 6 | 7 |

week
die Woche

| 8 | 9 | 10 | 11 | 12 | 13 | 14 |

| 15 | 16 | 17 | 18 | 19 | 20 | 21 |

date
das Datum

yesterday
gestern

today
heute

tomorrow
morgen

weekend
das Wochenende

---

vocabulary • Vokabular

January	**March**	**May**	**July**	**September**	**November**
Januar	März	Mai	Juli	September	November
February	**April**	**June**	**August**	**October**	**December**
Februar	April	Juni	August	Oktober	Dezember

---

years • die Jahre

1900 **nineteen hundred** • neunzehnhundert

1901 **nineteen hundred and one** • neunzehnhunderteins

1910 **nineteen ten** • neunzehnhundertzehn

2000 **two thousand** • zweitausend

2001 **two thousand and one** • zweitausendeins

seasons • die Jahreszeiten

spring
der Frühling

summer
der Sommer

autumn
der Herbst

winter
der Winter

vocabulary • Vokabular

century
das Jahrhundert

decade
das Jahrzehnt

millennium
das Jahrtausend

fortnight
vierzehn Tage

this week
diese Woche

last week
letzte Woche

next week
nächste Woche

the day before yesterday
vorgestern

the day after tomorrow
übermorgen

weekly
wöchentlich

monthly
monatlich

annual
jährlich

What's the date today?
Welches Datum haben wir heute?

It's February seventh, two thousand and two
Heute ist der siebte Februar zweitausendzwei.

numbers • die Zahlen

0	**zero** • null		20	**twenty** • zwanzig
1	**one** • eins		21	**twenty-one** • einundzwanzig
2	**two** • zwei		22	**twenty-two** • zweiundzwanzig
3	**three** • drei		30	**thirty** • dreißig
4	**four** • vier		40	**forty** • vierzig
5	**five** • fünf		50	**fifty** • fünfzig
6	**six** • sechs		60	**sixty** • sechzig
7	**seven** • sieben		70	**seventy** • siebzig
8	**eight** • acht		80	**eighty** • achtzig
9	**nine** • neun		90	**ninety** • neunzig
10	**ten** • zehn		100	**one hundred** • hundert
11	**eleven** • elf		110	**one hundred and ten** • hundertzehn
12	**twelve** • zwölf		200	**two hundred** • zweihundert
13	**thirteen** • dreizehn		300	**three hundred** • dreihundert
14	**fourteen** • vierzehn		400	**four hundred** • vierhundert
15	**fifteen** • fünfzehn		500	**five hundred** • fünfhundert
16	**sixteen** • sechzehn		600	**six hundred** • sechshundert
17	**seventeen** • siebzehn		700	**seven hundred** • siebenhundert
18	**eighteen** • achtzehn		800	**eight hundred** • achthundert
19	**nineteen** • neunzehn		900	**nine hundred** • neunhundert

1000	**one thousand** • tausend
10,000	**ten thousand** • zehntausend
20,000	**twenty thousand** • zwanzigtausend
50,000	**fifty thousand** • fünfzigtausend
55,500	**fifty-five thousand five hundred** • fünfundfünfzigtausendfünfhundert
100,000	**one hundred thousand** • hunderttausend
1,000,000	**one million** • eine Million
1,000,000,000	**one billion** • eine Milliarde

first
erster

second
zweiter

third
dritter

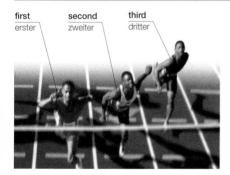

fourth • vierter

fifth • fünfter

sixth • sechster

seventh • siebter

eighth • achter

ninth • neunter

tenth • zehnter

eleventh • elfter

twelfth • zwölfter

thirteenth • dreizehnter

fourteenth • vierzehnter

fifteenth • fünfzehnter

sixteenth
• sechzehnter

seventeenth
• siebzehnter

eighteenth
• achtzehnter

nineteenth
• neunzehnter

twentieth •
zwanzigster

twenty-first
• einundzwanzigster

twenty-second
• zweiundzwanzigster

twenty-third
• dreiundzwanzigster

thirtieth • dreißigster

fortieth • vierzigster

fiftieth • fünfzigster

sixtieth • sechzigster

seventieth
• siebzigster

eightieth • achtzigster

ninetieth • neunzigster

hundredth
• hundertster

weights and measures • die Maße und Gewichte

area • die Fläche

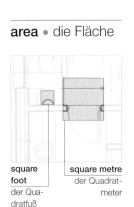

square foot
der Quadratfuß

square metre
der Quadratmeter

distance • die Entfernung

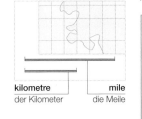

kilometre
der Kilometer

mile
die Meile

pan
die Waagschale

pound
das Pfund

ounce
die Unze

kilogram
das Kilogramm

gram
das Gramm

scales | die Waage

vocabulary • Vokabular

yard das Yard	**tonne** die Tonne	**measure (v)** messen
metre der Meter	**milligram** das Milligramm	**weigh (v)** wiegen

length • die Länge

foot
der Fuß

millimetre
der Millimeter

centimetre
der Zentimeter

inch
der Zoll

english • deutsch

capacity • das Fassungsvermögen

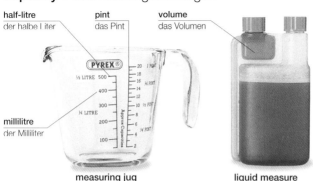

half-litre
der halbe l iter

pint
das Pint

volume
das Volumen

millilitre
der Milliliter

measuring jug
der Messbecher

liquid measure
das Flüssigkeitsmaß

---

vocabulary •
Vokabular

gallon
die Gallone

quart
das Quart

litre
der Liter

---

container • der Behälter

bag
der Beutel

carton
die Tüte

packet
das Päckchen

bottle
die Flasche

tub | die Dose

jar | das Glas

tin | die Dose

liquid dispenser
der Sprühbehälter

bar
das Stück

tube
die Tube

roll
die Rolle

pack
das Päckchen

spray can
die Sprühdose

world map • die Weltkarte

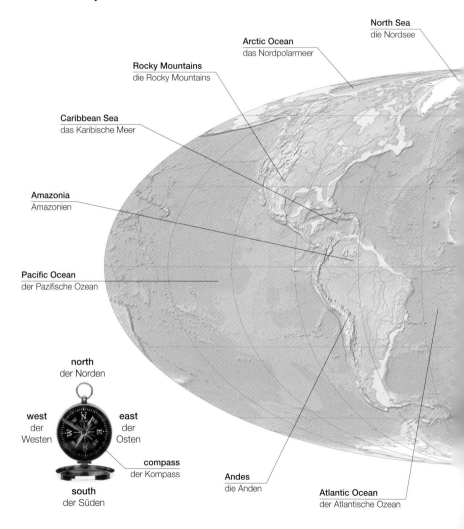

North Sea
die Nordsee

Arctic Ocean
das Nordpolarmeer

Rocky Mountains
die Rocky Mountains

Caribbean Sea
das Karibische Meer

Amazonia
Amazonien

Pacific Ocean
der Pazifische Ozean

north
der Norden

west
der
Westen

east
der
Osten

compass
der Kompass

south
der Süden

Andes
die Anden

Atlantic Ocean
der Atlantische Ozean

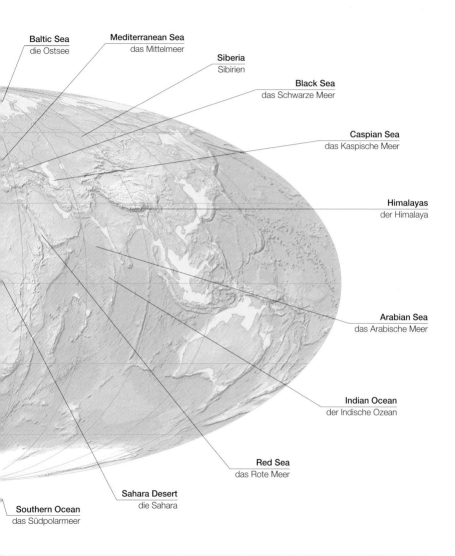

Baltic Sea
die Ostsee

Mediterranean Sea
das Mittelmeer

Siberia
Sibirien

Black Sea
das Schwarze Meer

Caspian Sea
das Kaspische Meer

Himalayas
der Himalaya

Arabian Sea
das Arabische Meer

Indian Ocean
der Indische Ozean

Red Sea
das Rote Meer

Sahara Desert
die Sahara

Southern Ocean
das Südpolarmeer

North and Central America • Nord- und Mittelamerika

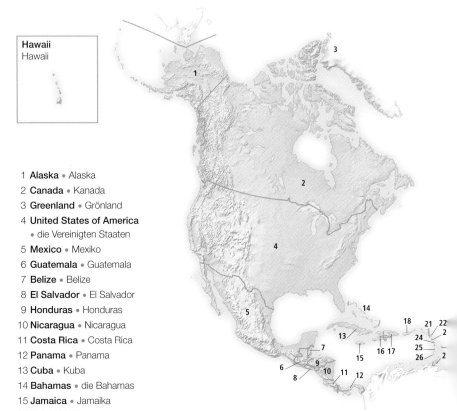

Hawaii
Hawaii

1 **Alaska** • Alaska
2 **Canada** • Kanada
3 **Greenland** • Grönland
4 **United States of America**
  • die Vereinigten Staaten
5 **Mexico** • Mexiko
6 **Guatemala** • Guatemala
7 **Belize** • Belize
8 **El Salvador** • El Salvador
9 **Honduras** • Honduras
10 **Nicaragua** • Nicaragua
11 **Costa Rica** • Costa Rica
12 **Panama** • Panama
13 **Cuba** • Kuba
14 **Bahamas** • die Bahamas
15 **Jamaica** • Jamaika
16 **Haiti** • Haiti
17 **Dominican Republic** • die Dominikanische
  Republik
18 **Puerto Rico** • Puerto Rico
19 **Barbados** • Barbados
20 **Trinidad and Tobago** • Trinidad und Tobago
21 **St. Kitts and Nevis** • Saint Kitts und Nevis

22 **Antigua and Barbuda** • Antigua und Barbuda
23 **Dominica** • Dominica
24 **St Lucia** • Saint Lucia
25 **St Vincent and The Grenadines**
  • Saint Vincent und die Grenadinen
26 **Grenada** • Grenada

South America • Südamerika

1 **Venezuela** • Venezuela

2 **Colombia** • Kolumbien

3 **Ecuador** • Ecuador

4 **Peru** • Peru

5 **Galapagos Islands**
  • die Galapagos-Inseln

6 **Guyana** • Guyana

7 **Suriname** • Suriname

8 **French Guiana**
  • Französisch-Guayana

9 **Brazil** • Brasilien

10 **Bolivia** • Bolivien

11 **Chile** • Chile

12 **Argentina** • Argentinien

13 **Paraguay** • Paraguay

14 **Uruguay** • Uruguay

15 **Falkland Islands** • die
  Falkland-Inseln

vocabulary • Vokabular

country	**province**	**zone**
das Land	die Provinz	die Zone
state	**colony**	**district**
der Staat	die Kolonie	der Bezirk
nation	**territory**	**region**
die Nation	das Territorium	die Region
continent	**principality**	**capital**
der Kontinent	das Fürstentum	die Hauptstadt

Europe • Europa

1 **Ireland** • Irland
2 **United Kingdom**
   • Großbritannien
3 **Portugal** • Portugal
4 **Spain** • Spanien
5 **Balearic Islands**
   • die Balearen
6 **Andorra** • Andorra
7 **France** • Frankreich
8 **Belgium** • Belgien
9 **Netherlands**
   • die Niederlande
10 **Luxembourg** • Luxemburg
11 **Germany** • Deutschland
12 **Denmark** • Dänemark
13 **Norway** • Norwegen
14 **Sweden** • Schweden
15 **Finland** • Finnland
16 **Estonia** • Estland
17 **Latvia** • Lettland
18 **Lithuania** • Litauen
19 **Kaliningrad** • Kaliningrad
20 **Poland** • Polen
21 **Czech Republic**
   • die Tschechische
   Republik
22 **Austria** • Österreich
23 **Liechtenstein**
   • Liechtenstein
24 **Switzerland**
   • die Schweiz
25 **Italy** • Italien
26 **Monaco**
   • Monaco
27 **Corsica**
   • Korsika
28 **Sardinia**
   • Sardinien

29 **San Marino**
   • San Marino
30 **Vatican City**
   • die Vatikanstadt
31 **Sicily** • Sizilien
32 **Malta** • Malta
33 **Slovenia** • Slowenien
34 **Croatia** • Kroatien
35 **Hungary** • Ungarn
36 **Slovakia** • die Slowakei
37 **Ukraine** • die Ukraine
38 **Belarus** • Weißrussland

39 **Moldova** • Moldawien
40 **Romania** • Rumänien
41 **Serbia** • Serbien
42 **Bosnia and Herzegovina**
   • Bosnien und Herzegowina
43 **Albania** • Albanien
44 **Macedonia** • Mazedonien
45 **Bulgaria** • Bulgarien
46 **Greece** • Griechenland
47 **Kosovo** • Kosovo
48 **Montenegro** • Montenegro

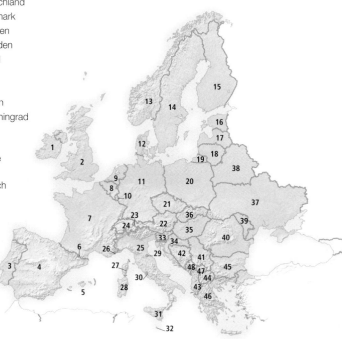

Africa • Afrika

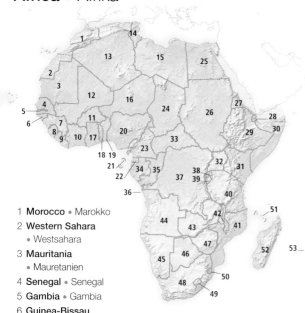

1 **Morocco** • Marokko
2 **Western Sahara**
   • Westsahara
3 **Mauritania**
   • Mauretanien
4 **Senegal** • Senegal
5 **Gambia** • Gambia
6 **Guinea-Bissau**
   • Guinea-Bissau
7 **Guinea** • Guinea
8 **Sierra Leone** • Sierra Leone
9 **Liberia** • Liberia
10 **Ivory Coast** • Elfenbeinküste
11 **Burkina Faso** • Burkina Faso
12 **Mali** • Mali
13 **Algeria** • Algerien
14 **Tunisia** • Tunesien
15 **Libya** • Libyen
16 **Niger** • Niger
17 **Ghana** • Ghana
18 **Togo** • Togo
19 **Benin** • Benin
20 **Nigeria** • Nigeria

21 **São Tomé and Principe**
   • São Tomé und Príncipe
22 **Equatorial Guinea**
   • Äquatorial-Guinea
23 **Cameroon** • Kamerun
24 **Chad** • Tschad
25 **Egypt** • Ägypten
26 **Sudan** • der Sudan
27 **Eritrea** • Eritrea
28 **Djibouti** • Dschibuti
29 **Ethiopia** • Äthiopien
30 **Somalia** • Somalia
31 **Kenya** • Kenia
32 **Uganda** • Uganda

33 **Central African Republic**
   • die Zentralafrikanische
   Republik
34 **Gabon** • Gabun
35 **Congo** • Kongo
36 **Cabinda** • Kabinda
37 **Democratic Republic of the
   Congo** • die Demokratische
   Republik Kongo
38 **Rwanda** • Ruanda
39 **Burundi** • Burundi
40 **Tanzania** • Tansania
41 **Mozambique** • Mosambik
42 **Malawi** • Malawi
43 **Zambia** • Sambia
44 **Angola** • Angola
45 **Namibia** • Namibia
46 **Botswana** • Botsuana
47 **Zimbabwe** • Simbabwe
48 **South Africa** • Südafrika
49 **Lesotho** • Lesotho
50 **Swaziland** • Swasiland
51 **Comoros** • die Komoren
52 **Madagascar** • Madagaskar
53 **Mauritius** • Mauritius

Asia • Asien

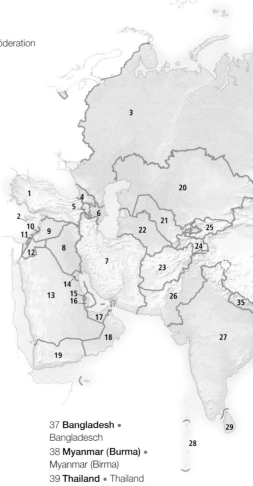

 1 **Turkey** • die Türkei
 2 **Cyprus** • Zypern
 3 **Russian Federation** • die Russische Föderation
 4 **Georgia** • Georgien
 5 **Armenia** • Armenien
 6 **Azerbaijan** • Aserbaidschan
 7 **Iran** • der Iran
 8 **Iraq** • der Irak
 9 **Syria** • Syrien
10 **Lebanon** • der Libanon
11 **Israel** • Israel
12 **Jordan** • Jordanien
13 **Saudi Arabia** • Saudi-Arabien
14 **Kuwait** • Kuwait
15 **Bahrain** • Bahrain
16 **Qatar** • Katar
17 **United Arab Emirates**
   • Vereinigte Arabische Emirate
18 **Oman** • Oman
19 **Yemen** • der Jemen
20 **Kazakhstan** • Kasachstan
21 **Uzbekistan** • Usbekistan
22 **Turkmenistan** • Turkmenistan
23 **Afghanistan** • Afghanistan
24 **Tajikistan** • Tadschikistan
25 **Kyrgyzstan** • Kirgisistan
26 **Pakistan** • Pakistan
27 **India** • Indien
28 **Maldives** • die Malediven
29 **Sri Lanka** • Sri Lanka
30 **China** • China
31 **Mongolia** • die Mongolei
32 **North Korea** • Nordkorea
33 **South Korea** • Südkorea
34 **Japan** • Japan
35 **Nepal** • Nepal
36 **Bhutan** • Bhutan

37 **Bangladesh** • Bangladesch
38 **Myanmar (Burma)** • Myanmar (Birma)
39 **Thailand** • Thailand
40 **Laos** • Laos
41 **Viet Nam** • Vietnam
42 **Cambodia** • Kambodscha

english • deutsch

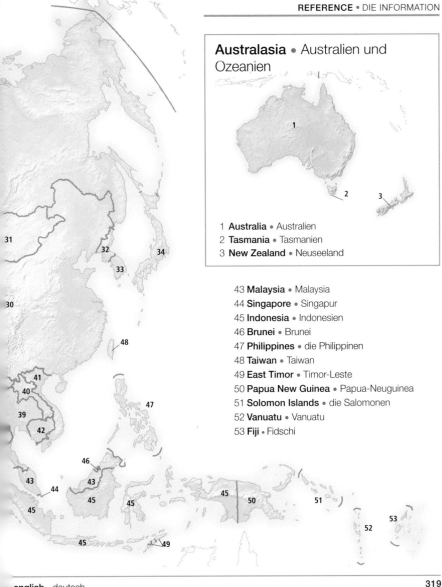

Australasia • Australien und Ozeanien

1 **Australia** • Australien
2 **Tasmania** • Tasmanien
3 **New Zealand** • Neuseeland

43 **Malaysia** • Malaysia
44 **Singapore** • Singapur
45 **Indonesia** • Indonesien
46 **Brunei** • Brunei
47 **Philippines** • die Philippinen
48 **Taiwan** • Taiwan
49 **East Timor** • Timor-Leste
50 **Papua New Guinea** • Papua-Neuguinea
51 **Solomon Islands** • die Salomonen
52 **Vanuatu** • Vanuatu
53 **Fiji** • Fidschi

particles and antonyms • Partikeln und Antonyme

to zu, nach	**from** von, aus	**for** für	**towards** zu
over über	**under** unter	**along** entlang	**across** über
in front of vor	**behind** hinter	**with** mit	**without** ohne
onto auf	**into** in	**before** vor	**after** nach
in in	**out** aus	**by** bis	**until** bis
above über	**below** unter	**early** früh	**late** spät
inside innerhalb	**outside** außerhalb	**now** jetzt	**later** später
up hinauf	**down** hinunter	**always** immer	**never** nie
at an, bei	**beyond** jenseits	**often** oft	**rarely** selten
through durch	**around** um	**yesterday** gestern	**tomorrow** morgen
on top of auf	**beside** neben	**first** erste	**last** letzte
between zwischen	**opposite** gegenüber	**every** jede	**some** etwas
near nahe	**far** weit	**about** gegen	**exactly** genau
here hier	**there** dort	**a little** ein wenig	**a lot** viel

large groß	**small** klein	**hot** heiß	**cold** kalt
wide breit	**narrow** schmal	**open** offen	**closed** geschlossen
tall groß	**short** kurz	**full** voll	**empty** leer
high hoch	**low** niedrig	**new** neu	**old** alt
thick dick	**thin** dünn	**light** hell	**dark** dunkel
light leicht	**heavy** schwer	**easy** leicht	**difficult** schwierig
hard hart	**soft** weich	**free** frei	**occupied** besetzt
wet nass	**dry** trocken	**strong** stark	**weak** schwach
good gut	**bad** schlecht	**fat** dick	**thin** dünn
fast schnell	**slow** langsam	**young** jung	**old** alt
correct richtig	**wrong** falsch	**better** besser	**worse** schlechter
clean sauber	**dirty** schmutzig	**black** schwarz	**white** weiß
beautiful schön	**ugly** hässlich	**interesting** interessant	**boring** langweilig
expensive teuer	**cheap** billig	**sick** krank	**well** wohl
quiet leise	**noisy** laut	**beginning** der Anfang	**end** das Ende

useful phrases • praktische Redewendungen

essential phrases
• wesentliche Redewendungen

Yes
Ja

No
Nein

Maybe
Vielleicht

Please
Bitte

Thank you
Danke

You're welcome
Bitte sehr

Excuse me
Entschuldigung

I'm sorry
Es tut mir Leid

Don't
Nicht

OK
Okay

That's fine
In Ordnung

That's correct
Das ist richtig

That's wrong
Das ist falsch

greetings
• Begrüßungen

Hello
Guten Tag

Goodbye
Auf Wiedersehen

Good morning
Guten Morgen

Good afternoon
Guten Tag

Good evening
Guten Abend

Good night
Gute Nacht

How are you?
Wie geht es Ihnen?

My name is…
Ich heiße…

What is your name?
Wie heißen Sie?

What is his/her name?
Wie heißt er/sie?

May I introduce…
Darf ich… vorstellen

This is…
Das ist…

Pleased to meet you
Angenehm

See you later
Bis später

signs • Schilder

Tourist information
Touristen-Information

Entrance
Eingang

Exit
Ausgang

Emergency exit
Notausgang

Push
Drücken

Danger
Lebensgefahr

No smoking
Rauchen verboten

Out of order
Außer Betrieb

Opening times
Öffnungszeiten

Free admission
Eintritt frei

Special offer
Sonderangebot

Reduced
Reduziert

Sale
Ausverkauf

Knock before entering
Bitte anklopfen

Keep off the grass
Betreten des Rasens verboten

help • Hilfe

Can you help me?
Können Sie mir helfen?

I don't understand
Ich verstehe nicht

I don't know
Ich weiß nicht

Do you speak English, French…?
Sprechen Sie Englisch, Französisch…?

I speak English, Spanish…
Ich spreche Englisch, Spanisch…

Please speak more slowly
Sprechen Sie bitte langsamer

Please write it down for me
Schreiben Sie es bitte für mich auf

I have lost…
Ich habe… verloren

directions •
Richtungsangaben

I am lost
Ich habe mich
verlaufen

Where is the…?
Wo ist der/die/das…?

**Where is the
nearest…?**
Wo ist der/die/das
nächste…?

**Where are the
toilets?**
Wo sind die Toiletten?

How do I get to…?
Wie komme ich
nach…?

To the right
Nach rechts

To the left
Nach links

Straight ahead
Geradeaus

How far is…?
Wie weit ist…?

road signs • die
Verkehrsschilder

Slow down
Langsam fahren

Caution
Achtung

No entry
Keine Zufahrt

Diversion
Umleitung

Keep to the right
Rechts fahren

Motorway
Autobahn

No parking
Parkverbot

No through road
Sackgasse

One-way street
Einbahnstraße

Give way
Vorfahrt gewähren

Residents only
Anlieger frei

Roadworks
Baustelle

Dangerous bend
gefährliche Kurve

**accommodation
•** Unterkunft

**Do you have any
vacancies?**
Haben Sie Zimmer
frei?

I have a reservation
Ich habe ein Zimmer
reserviert

**Where's the dining
room?**
Wo ist der Speisesaal?

**What time is
breakfast?**
Wann gibt es
Frühstück?

**I'll be back at …
o'clock**
Ich bin um … Uhr
wieder da

I'm leaving tomorrow
Ich reise morgen ab

**eating and drinking
•** Essen und Trinken

Cheers!
Zum Wohl!

It's delicious/awful
Es ist köstlich/
scheußlich

Ich trinke/rauche nicht
I don't drink/smoke

Ich esse kein Fleisch
I don't eat meat

**No more for me,
thank you**
Nichts mehr, danke

**May I have some
more?**
Könnte ich noch etwas
mehr haben?

May we have the bill?
Wir möchten bitte
zahlen

Can I have a receipt?
Ich hätte gerne eine
Quittung

No-smoking area
Nichtraucherbereich

**health
•** die Gesundheit

I don't feel well
Ich fühle mich nicht
wohl

I feel sick
Mir ist schlecht

**Can you get me a
doctor?**
Können Sie einen Arzt
holen?

**Will he/she be all
right?**
Wird er/sie sich wieder
erholen?

It hurts here
Es tut hier weh

I have a temperature
Ich habe Fieber

**I'm … months
pregnant**
Ich bin im … Monat
schwanger

**I need a prescription
for …**
Ich brauche ein Rezept
für …

I normally take …
Ich nehme
normalerweise …

I'm allergic to …
Ich bin allergisch
gegen …

English index • englisches Register

english

english

english

H

haberdashery 105
hacksaw 81
haddock 120
haemorrhage 46
hail 286
hair 14, 38
hair dye 40
hairband 38
hairdresser 38, 188
hairdresser's 115
hairdryer 38
hairpin 38
hairspray 38
hairtie 39
Haiti 314
half an hour 304
half board 101
half time 223
half-litre 311
hall of residence 168
halibut fillets 120
Halloween 27
hallway 59
halter 243
halter neck 35
ham 119, 143, 156
hammer 80
hammer v 79
hammock 266
hamper 263
hamster 290
hamstring 16
hand 13, 15
hand drill 81
hand fork 89
hand luggage 211, 213
hand rail 59
hand saw 89
hand towel 73
handbag 37
handbrake 203
handcuffs 94
handicap 233
handkerchief 36
handle 36, 88, 106, 187, 200, 230
handlebar 207
handles 37
handrail 196
handsaw 80
handset 99
hang v 82
hang-glider 248
hang-gliding 248
hanging basket 84
hanging file 173
happy 25
harbour 217
harbour master 217
hard 129, 321
hard cheese 136
hard drive 176
hard hat 186

hard shoulder 194
hardboard 79
hardware 176
hardware shop 114
hardwood 79
haricot beans 131
harness race 243
harp 256
harvest v 91, 183
hat 36
hatchback 199
have a baby v 26
Hawaii 314
hay 184
hayfever 44
hazard 195
hazard lights 201
hazelnut 129
hazelnut oil 134
head 12, 19, 81, 230
head v 222
head injury 46
head office 175
head teacher 163
headache 44
headboard 70
headlight 198, 205
headphones 268
headrest 200
headsail 240
health 44
health centre 168
health food shop 115
heart 18, 119, 122, 273
heart attack 44
heater 60
heater controls 201
heather 297
heating element 61
heavy 321
heavy metal 259
hedge 85, 90, 182
hedgehog 290
heel 13, 15, 37
height 165
height bar 45
helicopter 211
hello 322
helmet 95, 204, 206, 220, 224, 228
hem 34
hematite 289
hen's egg 137
herb 55, 86
herb garden 84
herbaceous border 85
herbal remedies 108
herbal tea 149
herbalism 55
herbicide 183
herbs 133, 134
herbs and spices 132
herd 183
hexagon 164

hi-fi system 268
high 321
high chair 75
high dive 239
high heel shoe 37
high jump 235
high speed train 208
highlights 39
hiking 263
hill 284
Himalayas 313
hip 12
hippopotamus 291
historic building 261
history 162
history of art 169
hit v 224
hob 67
hockey 224
hockey stick 224
hoe 88
hold 215, 237
holdall 37
hole 232
hole in one 233
hole punch 173
holiday 212
holiday brochure 212
holly 296
home 58
home delivery 154
home entertainment 268
home furnishings 105
home plate 228
homeopathy 55
homework 163
homogenised 137
Honduras 314
honeycomb 135
honeymoon 26
honeysuckle 297
hood 31, 75
hoof 242, 291
hook 187, 276
hoop 226, 277
horizontal bar 235
hormone 20
horn 201, 204, 291
horror film 255
horse 185, 235, 242
horse race 243
horse riding 242, 263
horseradish 125
horseshoe 242
hose 95
hose reel 89
hosepipe 89
hospital 48
host 64
hostess 64
hot 124, 286, 321
hot chocolate 144, 156
hot dog 155
hot drinks 144

hot tap 72
hot-air balloon 211
hotel 100, 264
hot-water bottle 70
hour 304
hour hand 304
house 58
household products 107
hovercraft 215
hub 206
hubcap 202
hull 214, 240
human resources 175
humerus 17
humid 286
hummingbird 292
hump 291
hundred 308
hundred and ten 308
hundred thousand 308
hundredth 309
Hungary 316
hungry 64
hurdles 235
hurricane 287
husband 22
husk 130
hydrant 95
hydrofoil 215
hydrotherapy 55
hypnotherapy 55
hypoallergenic 41
hypotenuse 164

I

ice 120, 287
ice and lemon 151
ice bucket 150
ice climbing 247
ice cream 149
ice cube 151
ice hockey 224
ice hockey player 224
ice hockey rink 224
ice maker 67
ice-cream 137
iced coffee 148
iced tea 149
ice-skate 224
ice-skating 247
icicle 287
icing 141
icon 177
identity badge 189
identity tag 53
idle running 203
igneous 288
ignition 200
iguana 293
illness 44
immigration 212
impotent 20
in 320
in brine 143

in front of 320
in oil 143
in sauce 159
in syrup 159
inbox 177
inch 310
incisor 50
incubator 53
index finger 15
India 318
Indian Ocean 312
indicator 198, 204
indigo 274
Indonesia 319
induce labour v 53
industrial estate 299
infection 44
infertile 20
infield 228
inflatable dinghy 215
information 261
information screen 213
in-goal area 221
inhaler 44, 109
injection 48
injury 46
ink 275
ink pad 173
inlet 61
inner core 282
inner tube 207
inning 228
innocent 181
insect repellent 108, 267
inside 320
inside lane 194
insomnia 71
inspector 94
install v 177
instant camera 270
instep 15
instructions 109
instruments 256, 258
insulating tape 81
insulation 61
insulin 109
insurance 203
intensive care unit 48
inter-city train 209
intercom 59
intercostal 16
intercourse 20
interest rate 96
interior 200
internal systems 60
international flight 212
internet 177
intersection 298
interval 254
interviewer 179
into 320
in-tray 172
invertebrates 295
investigation 94

english

english

english

english

english

German index • **deutsches Register**

deutsch

deutsch

deutsch

deutsch

deutsch

deutsch

deutsch

deutsch

deutsch

deutsch

deutsch

acknowledgments • Dank

DORLING KINDERSLEY dankt Tracey Miles und Christine Lacey für die Design-Assistenz, Georgina Garner für ihre redaktionelle und administrative Unterstützung, Sonia Gavira, Polly Boyd und Cathy Meeus für die redaktionelle Hilfe und Claire Bowers für die Erstellung des Bildnachweises.

Der Verlag dankt den folgenden Personen und Institutionen für die freundliche Genehmigung zum Abdruck ihrer Bilder:
Abkürzungen: t = oben, b = unten, r = rechts, l = links, c = Mitte

Abode: 62; **Action Plus:** 224bc; **alamy.com:** 154t; A.T. Willett 287bcl; Michael Foyle 184bl; Stock Connection 287bcr; **Allsport/Getty Images:** 238cl; **Alvey and Towers:** 209 acr, 215bcl, 215bcr, 241cr; **Peter Anderson:** 188clr, 271br. **Anthony Blake Photo Library:** Charlie Stebbings 114cl; John Sims 114tcl; **Andyalte:** 98tl; **apple mac computers:** 268tcr; **Arcaid:** John Edward Linden 301bl; Martine Hamilton Knight, Architects: Chapman Taylor Partners, 213cl; Richard Bryant 301br; **Argos:** 41tcl, 66cbl, 66cl, 66br, 66bcl, 69cl, 70bcl, 71t, 77tl, 269tcc, 270tl; **Axiom:** Eitan Simanor 105bcr; Ian Cumming 104; Vicki Couchman 148tcr; **Beken Of Cowes Ltd:** 215cbc; **Bosch:** 76tcr, 76tc, 76tcl; **Camera Press:** 27c, 38tr, 256t, 257tcr; Barry J. Holmes 148tr; Jane Hanger 159tcr; Mary Germanou 259bc; **Corbis:** 78b; Anna Clopet 247btr; Bettmann 181tl, 181tr; Bo Zauders 156t; Bob Rowan 152bl; Bob Winsett 247cbl; Brian Bailey 247br; Carl and Ann Purcell 162l; Chris Rainer 247ctl; ChromoSohm Inc. 179tr; Craig Aurness 215bl; David H. Wells 249cbr; Dennis Marsico 274bl; Dimitri Lundt 236bc; Duomo 211tl; Gail Mooney 277ctcr; George Lepp 248c; Gunter Marx 248cr; Jack Fields 210b; Jack Hollingsworth 231bl; Jacqui Hurst 277cbr; James L. Amos 247bl, 191ctr, 220bcr; Jan Butchofsky 277cbc; Johnathan Blair 243cr; Jon Feingersh 153tcr; Jose F. Poblete 191br; Jose Luis Pelaez.Inc 153tc, 175tl; Karl Weatherly 220bl, 247tcr; Kelly Mooney Photography 259tl; Kevin Fleming 249bc; Kevin R. Morris 105tr, 243tl, 243tc; Kim Sayer 249tcr; Lynn Goldsmith 258t; Macduff Everton 231bcl; Mark Gibson 249bl; Mark L. Stephenson 249tcl; Michael Pole 115tr; Michael S. Yamashita 247ctcl; Mike King 247cbl; Neil Rabinowitz 214br; Owen Franken 112t; Pablo Corral 115bc; Paul A. Sounders

169br, 249ctcl; Paul J. Sutton 224c, 224br; Peter Turnley 105tcr; Phil Schermeister 227b, 248tr; R. W Jones 309; R.W. Jones 175tr; Richard Hutchings 168b; Rick Doyle 241ctr; Robert Holmes 97br, 277ctc; Roger Ressmeyer 169tr; Russ Schleipman 229; Steve Raymer 168cr; The Purcell Team 211ctr; Tim Wright 178; Vince Streano 194t; Wally McNamee 220br, 220bcl, 224bl; Yann Arhus-Bertrand 249tl; **Demetrio Carrasco / Dorling Kindersley (c) Herge / Les Editions Casterman:** 112ccl; **Dixons:** 270cl, 270cr, 270bl, 270bcl, 270bcr, 270ccr; **Education Photos:** John Walmsley 26tl; **Empics Ltd:** Adam Day 236br; Andy Heading 243c; Steve White 249cbc; **Getty Images:** 48bcl, 100t, 114bcr, 154bl, 287tr; 94tr; **Dennis Gilbert:** 106tc; **Hulsta:** 70t; **Ideal Standard Ltd:** 72r; **The Image Bank/Getty Images:** 58; **Impact Photos:** Eliza Armstrong 115cr; John Arthur 190tl; Philip Achache 246t; **The Interior Archive:** Henry Wilson, Alfie's Market 114bl; Luke White, Architect: David Mikhail, 59tl; Simon Upton, Architect: Phillippe Starck, St Martins Lane Hotel 100bcr, 100br; **Jason Hawkes Aerial Photography:** 216t; **Dan Johnson:** 62tl, 259br; **Kos Pictures Source:** 215cbl, 240tc, 240tr; David Williams 216b; **Lebrecht Collection:** Kate Mount 169bc; **MP Visual.com:** Mark Swallow 202t; **NASA:** 280cr, 280ccl, 281tl; **P&O Princess Cruises:** 214bl; **P A Photos:** 181br; **The Photographers' Library:** 186bl, 186bc, 186t; **Plain and Simple Kitchens:** 66t; **Powerstock Photolibrary:** 169tl, 256t, 287tc; **Rail Images:** 208c, 208 cbl, 209br; **Red Consultancy:** Odeon cinemas 257br; **Redferns:** 259br; Nigel Crane 259c; **Rex Features:** 106br, 259tc, 259tr, 259bl, 280b; Charles Ommaney 114tcr; J.F.F Whitehead 243cl; Patrick Barth 101tl; Patrick Frilet 189cbl; Scott Wiseman 287bl; **Royalty Free Images:** Getty Images/Eyewire 154bl; **Science & Society Picture Library:** Science Museum 202b; **Skyscan:** 168t, 182c, 298; Quick UK Ltd 212; **Sony:** 268bc; **Robert Streeter:** 154bcr; **Neil Sutherland:** 82tr, 83tl, 90t, 118, 188ctr, 196tl, 196tr, 299cl, 299bl; **The Travel Library:** Stuart Black 264t; **Travelex:** 97cl; **Vauxhall:** Technik 198t, 199tl, 199tr, 199cl, 199tcr, 199ctcr, 199tcl, 199tcr, 200; **View Pictures:** Dennis Gilbert, Architects: ACDP Consulting, 106t; Dennis Gilbert, Chris

Wilkinson Architects, 209tr; Peter Cook, Architects: Nicholas Crimshaw and partners, 208t; **Betty Walton:** 185br; **Colin Walton:** 2, 4, 7, 9, 10, 28, 42, 56, 92, 95c, 99tl, 99tcl, 102, 116, 120t, 138t, 146, 150t, 160, 170, 191ctcl, 192, 218, 252, 260br, 260l, 261tr, 261c, 261cr, 271cbl, 271cbr, 271ctl, 278, 287br, 302, 401.

DK PICTURE LIBRARY:
Akhil Bahkshi; Patrick Baldwin; Geoff Brightling; British Museum; John Bulmer; Andrew Butler; Joe Cornish; Brian Cosgrove; Andy Crawford and Kit Hougton; Philip Dowell; Alistair Duncan; Gables; Bob Gathany; Norman Hollands; Kew Gardens; Peter James Kindersley; Vladimir Kozlik; Sam Lloyd; London Northern Bus Company Ltd; Tracy Morgan; David Murray and Jules Selmes; Musée Vivant du Cheval, France; Museum of Broadcast Communications; Museum of Natural History; NASA; National History Museum; Norfolk Rural Life Museum; Stephen Oliver; RNLI; Royal Ballet School; Guy Ryecart; Science Museum; Neil Setchfield; Ross Simms and the Winchcombe Folk Police Museum; Singapore Symphony Orchestra; Smart Museum of Art; Tony Souter; Erik Svensson and Jeppe Wikstrom; Sam Tree of Keygrove Marketing Ltd; Barrie Watts; Alan Williams; Jerry Young.

Weitere Fotografien von Colin Walton.

Colin Walton dankt:
A&A News, Uckfield; Abbey Music, Tunbridge Wells; Arena Mens Clothing, Tunbridge Wells; Burrells of Tunbridge Wells; Gary at Di Marco's; Jeremy's Home Store, Tunbridge Wells; Noakes of Tunbridge Wells; Ottakar's, Tunbridge Wells; Selby's of Uckfield; Sevenoaks Sound and Vision; Westfield, Royal Victoria Place, Tunbridge Wells.

Alle anderen Abbildungen © Dorling Kindersley. Weitere Informationen unter: www.dkimages.com